I0468359

Social Media Marketing

Marketingstrategien für Twitter, Facebook, SnapChat, LinkedIn und Instagram

Steffan Strehle

INHALT

EINLEITUNG

Ich möchte Ihnen danken und Sie zum Download des Buchs „*Social Media Marketing: Marketingstrategien für Twitter, Facebook, SnapChat, LinkedIn und Instagram*" beglückwünschen.

Dieses Buch beinhaltet geprüfte Schritte und Strategien, wie Sie die Macht der sozialen Medien für Ihre Marketingkampagnen verwenden können.

Wenn Sie dieses Buch über Amazon heruntergeladen haben, beherrschen Sie wahrscheinlich zumindest die Grundlagen der digitalen Technologie und interessieren sich für die sozialen Medien, zumindest für Facebook. Definitionsgemäß ist Social Media ein Kanal, um etwas zu erstellen, zu interagieren und Informationen innerhalb einer Gemeinschaft, die die Internettechnologie nutzt, bereitzustellen.

Auch wenn es heutzutage eine große Anzahl an Social Media Plattformen gibt, sind Facebook, Twitter, Pinterest, LinkedIn und Instagram mit Milliarden von Nutzern täglich noch immer die größten sozialen Netzwerke der Welt.

Strategisch genutzt können die sozialen Medien ein wirkungsvolles Instrument sein, um Ihre Firma aufzubauen und Ihr Publikum oder Ihren Kundenstamm zu erhöhen. Ihr potenzielles Publikum bzw. Ihre potenziellen Kunden sind aktive Nutzer sozialer Medien. Daher ist es unumgänglich, sich ihre Demographie zunutze zu machen und eine Beziehung zu ihnen aufzubauen.

Ich hoffe, dieses Buch hilft Ihnen, die sozialen Medien für eine Verbesserung Ihrer Marketingstrategien zu verwenden. Dieses Buch ist für Anfänger verfasst, aber auch, wenn Sie bereits Erfahrungen im Bereich der sozialen Medien haben, werden Sie mit Sicherheit nützliche Informationen in diesen Seiten finden.

Nochmals vielen Dank für das Herunterladen des Buchs. Ich hoffe, Sie finden Gefallen daran!

KAPITEL 1 - WARUM NUTZEN SIE DIE SOZIALEN MEDIEN NOCH NICHT?

Heutzutage reicht es nicht, lediglich eine Homepage für Ihr Geschäft oder Ihre Organisation zu haben. Die Welt des Marketings hat sich auf soziale Netzwerke, wie Facebook oder Twitter, erweitert und Sie müssen anfangen, dies zu Ihrem Vorteil zu nutzen. Falls Ihr Unternehmen noch in keinem sozialen Netzwerk vertreten ist, sollten Sie sich so schnell wie möglich anmelden. So können Sie Ihre Marketingtätigkeiten maximal ausschöpfen. Sollten Sie es nicht tun, riskieren Sie, hinter Ihren Mitbewerbern zurückzufallen.

Sollte dies noch nicht überzeugend genug gewesen sein, finden Sie hier die Hauptgründe, warum Sie die sozialen Netzwerke nutzen sollten.

Die sozialen Netzwerke bieten Ihnen die Möglichkeit, eine persönlichere Beziehung zu Ihrem Zielmarkt herzustellen

Ein wichtiger Punkt, warum die sozialen Medien so großartig sind, ist, dass Sie durch sie die Möglichkeit haben, persönlich mit Ihrem Zielmarkt zu interagieren. Durch das Lesen Ihrer Status-Updates und Tweets können Sie ganz einfach herausfinden, was Ihre Zielkundschaft über Ihr Geschäft, Ihre Produkte und Ihre Dienstleistungen denkt. Das ist nützlich, da Sie so persönlicheren Einblick in Ihren Kundenstamm erhalten und diesen dazu nutzen können, Ihre Marketingstrategien anzugleichen.

Soziale Medien sind die einfachste Art, um guten Kundenservice zu bieten

Sollte es ein Problem mit Ihrem Produkt oder Ihrer Dienstleistung geben, ist es unabdingbar, dass Sie dies sofort erfahren. Mit Hilfe von sozialen Medien können Sie unverzüglich Rückmeldung erhalten, sodass Sie ganz einfach und so schnell wie möglich Schritte zur Lösung einleiten können. Laut einer Umfrage zum Thema Kundenservice sind Kunden den Firmen gegenüber loyaler, die auf Kundenbeschwerden reagieren. Auf der anderen Seite können Kunden, die nicht das Gefühl haben, dass mit ihren Beschwerden gut umgegangen wird, die sozialen Medien dahingehend nutzen, um ihre Hasstiraden zu verbreiten. Dies kann Ihren Ruf nachhaltig schädigen. Sobald sich eine solche Hasstirade ausbreitet, ist es sehr schwierig, die Ursache zu finden.

Ihre Mitbewerber sind bereits in den sozialen Medien vertreten

Je schneller Sie Ihre Präsenz in den sozialen Medien aufbauen, desto schneller können Sie es genießen, viele Follower und Fans zu gewinnen. Dies ist kein Bereich, in dem Sie hinter Ihren Mitbewerbern zurückbleiben möchten. Es ist weitaus schwieriger und kostenintensiver, mit Ihrem Konkurrenten mitzuhalten, wenn dieser schon seit Jahren in sozialen Medien aktiv ist. Überprüfen Sie daher, ob Ihr Mitbewerber schon auf Facebook, Twitter, Instagram oder LinkedIn vertreten ist.

Menschen antworten eher auf Nachrichten durch soziale Medien

Kunden bei Facebook und Twitter haben das Gefühl, mit Freunden zu kommunizieren, nicht mit Marketingmaschinen. Daher achten sie zwar weniger auf Ihre Werbung, aber umso mehr auf Ihre Nachrichten.

Die sozialen Medien können helfen, Ihre Verkaufszahlen zu erhöhen

Wenn Sie für Ihre Kunden erreichbarer sind, ist die Chance höher, dass sie, wenn sie ein Produkt oder einen Service benötigen, den Sie anbieten, es von Ihnen kaufen. Durch die sozialen Medien ist Ihr Firmenname für eine größere Anzahl potenzieller Kunden verfügbar. Zudem haben Sie durch sie die Möglichkeit, regelmäßig zu werben, um Ihre potenziellen Kunden zum Kauf zu ermuntern. Sie können zum Beispiel probieren, Gutscheincodes zu posten, die nur über Facebook und Twitter erhältlich sind. Sie werden überrascht sein, wie viele Leute diese Codes nutzen werden.

Die sozialen Medien helfen Ihnen, Kunden zu finden, von denen Sie nicht wussten, dass sie nach Ihren Produkten suchen

Eine weitere großartige Eigenschaft von sozialen Netzwerkseiten ist, dass man auf ihnen suchen kann. Wenn Sie auf Facebook oder Twitter nach bestimmten Schlüsselwörtern suchen, werden Sie auf Leute stoßen, die nach Produkten oder Dienstleistungen suchen, die Sie anbieten. Diese können Sie dann auf Ihre Website lotsen. Auf diese Weise ist Marketing über soziale Medienkanäle effektiv. Menschen, die Ihre Produkte benötigen, zu informieren, ist nun nur einen Mausklick entfernt.

Die sozialen Medien ermöglichen es Kunden, Sie zu finden und von Ihnen zu kaufen

In den sozialen Medien können Sie sich für eine große Anzahl von Gruppen registrieren, die mit Ihren Produkten, Ihrem Kundenstamm oder Ihrer Branche zu tun haben. Indem Sie in diesen Gruppen Nachrichten und Links posten, bewegen Sie die Kunden dazu, Ihre Seite aufzurufen. Sie posten vielleicht heute einen Link und drei Tage später verkaufen Sie etwas.

Die sozialen Medien sind (meist) kostenlos

Ihr Unternehmen durch die sozialen Medien zu vermarkten ist kostenlos, zumindest, solange Sie sich selbst darum kümmern. Es ist möglich, dass Sie einige Zusatzleistungen kaufen müssen, aber im Vergleich zu klassischer Werbung (TV, Radio, Zeitung) sind diese um einiges billiger. Sollten Sie eine digitale Marketingagentur beauftragen, wird Sie dies 2000 bis 8000 Euro pro Monat kosten. Diese laufenden Zahlungen sind jedoch keine Ausgabe, sie sind vielmehr eine Investition, da Ihre Einnahmen diese sicher übersteigen werden. Wenn Sie sich nicht wohl dabei fühlen, online zu kommunizieren, oder wenn Ihre Schreibkünste nicht gut genug sind, ist die Beauftragung einer digitalen Marketingagentur auf jeden Fall eine gute Alternative. Schlecht geschriebene Beiträge oder falsche Nachrichten auf sozialen Netzwerken können Ihre Onlinereputation nachhaltig schädigen.

Marketing auf sozialen Medien erlaubt es Ihnen, in der gleichen Liga wie die großen Firmen zu spielen

Anders als in der reellen Welt, in der Sie Millionen für Werbekampagnen ausgeben müssen, kann in den sozialen Netzwerken jeder voll mitspielen. Die Unternehmen, die online erfolgreich sind, sind die, die clevere Kampagnen entwickeln können. Wenn Sie mehr Zulauf brauchen und Ihre Verkaufszahlen erhöhen müssen, können Sie dies tun, solange Sie Ihre Konkurrenz ausstechen.

Um es in einfachen Worten zu sagen: Marketing in sozialen Netzwerken spielt heutzutage beim Geschäftemachen eine wesentliche Rolle. Ein Unternehmen über Facebook oder Twitter zu vermarkten ist nicht nur eine Modeerscheinung. Wenn Sie bisher noch nicht in den sozialen Medien aktiv sind, sollten Sie dies so bald wie möglich in Angriff nehmen.

Erhöhen Sie Ihre Online-Präsenz und steigern Sie Ihre Glaubwürdigkeit

Ihre Onlineerscheinung ist nicht auf Ihre Website beschränkt. Profile auf sozialen Netzwerken sind wesentlich für Ihr Unternehmen. Nicht nur für Ihre Kunden, sondern auch in den Augen des Internets. In der Tat ist es so, dass alle Google Ergebnisse zu Ihrem Unternehmen (positive, negative, relevante und irrelevante) feste Bestandteile Ihrer Online-Fassade sind.

Ihre potenziellen Kunden erwarten, dass Sie ein Profil auf sozialen Netzwerken haben. Sie sind offener dafür, diese zu nutzen, um Vertreter Ihres Unternehmens zu kontaktieren. Falls Sie keine organisierten und geordneten Profile in den sozialen Medien vorweisen können, um Ihre Firma zu repräsentieren, werden Sie weniger echt wirken.

Die sozialen Medien sind äußerst wichtig für Ihr Unternehmen. Dies ist jedoch nur ein Teil Ihres Internetmarketings. Der Aufbau einer Website, die den Verkauf steigern kann, eine stabile Strategie im Bereich SEO (Suchmaschinenoptimierung) und das Anbieten von Produkten oder Dienstleistungen, die sich verkaufen lassen, sind entscheidende Punkte in Ihren Bemühungen beim Onlinemarketing.

KAPITEL 2 -
MARKETINGSTRATEGIEN FÜR
FACEBOOK

Mit 1,59 Milliarden Nutzern weltweit ist Facebook unbestreitbar der Versammlungsort der Welt. Wahrscheinlich haben Sie, als kleinen Schritt in Richtung Kommunikation mit Kunden, die Facebook nutzen, bereits einen Facebook-Account für sich und eine Fanseite für Ihr Unternehmen.

Es besteht jedoch eine hohe Wahrscheinlichkeit, dass Sie sich der effektiven Strategien noch nicht gewahr sind, um das Potenzial dieses sozialen Mediengiganten voll auszuschöpfen, Markentreue zu schaffen und höhere Erträge zu erzielen.

Einige der umsatzstärksten Firmen der USA, wie McDonald`s und Coca-Cola, ziehen Tonnen von Facebookfans an. Aber wenn es darum geht, mehr als regelmäßige Statusupdates zu posten oder Facebookfans zu ermuntern, ihre Seite zu liken, sind viele Unternehmer oft verwirrt und enttäuscht, und wissen nicht, wie sie die Hebelwirkung von Facebook nutzen sollten. In diesem Kapitel werden Sie lernen, wie Sie Ihr Marketing durch Facebook steigern, indem Sie zuerst Fans generieren, die Sie dann in zahlende Kundschaft verwandeln können.

ACHT SCHRITTE, UM FACEBOOK DAZU ZU NUTZEN, IHR LOKALES UNTERNEHMEN ZU VERMARKTEN

Erkunden Sie Facebook

Selbst wenn Sie bereits Ihr eigenes Facebook-Profil haben, ist es sinnvoll, die Grundlagen zu erlernen (oder sie wiederzuerlernen), da es einige Eigenschaften geben wird, die Ihnen entgangen sind. Der erste Schritt ist, sich die Zeit zu nehmen, andere Facebookseiten zu erkunden. Sehen Sie sich sowohl die Ihrer Konkurrenten als auch die Ihrer Verbündeten an. Suchen Sie nach Seiten von Marken, die Sie schätzen, und auch nach denen, die Ihre Kunden schätzen. Dies tun Sie am besten folgendermaßen:

a. Beginnen Sie Ihre Untersuchung, indem Sie auf diesen Link klicken: https://www.facebook.com/search/results.php?nomc=0

b. Klicken Sie auf „Seiten", um die Resultate auf Seiten zu beschränken.

c. Suchen Sie nun nach Ihren Konkurrenten oder nach Schlüsselbegriffen, um Seiten aus Ihrer Branche oder Nische zu finden.

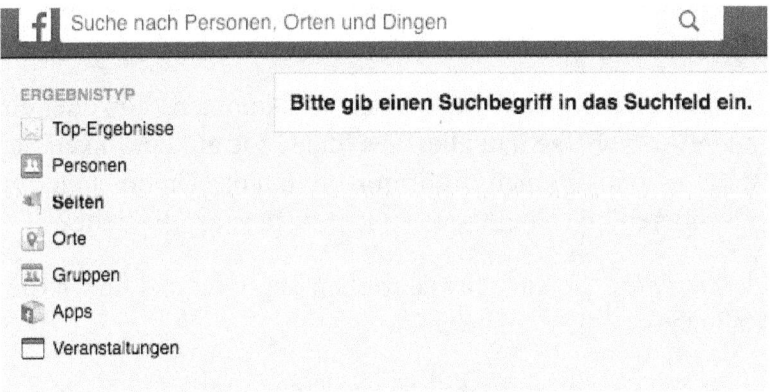

Bitte beachten Sie, dass die Suche über Facebook nicht immer dynamisch ist und gegebenenfalls nicht die Seiten findet, nach denen Sie suchen – selbst, wenn Sie den genauen Seitennamen eingeben.

Falls Sie die Facebookseiten Ihrer Konkurrenten nicht finden können (vielleicht haben Sie nicht ihren vollständigen Firmennamen eingegeben), können Sie stattdessen auch auf deren Website gehen und auf das Symbol für soziale Medien klicken.

Was versuchen wir auf der Facebookseite Ihrer Konkurrenten zu finden? Sie müssen Informationen darüber gewinnen, was funktioniert. Beachten Sie diese wichtigen Hinweise:

a   Wie häufig posten sie neue Inhalte? Zu welcher Uhrzeit werden sie veröffentlicht?

b   Welche Art von Beiträgen laden sie auf die Seite? Welche Beiträge erhalten die meiste Aufmerksamkeit? (Sie können versuchen, das, was effektiv ist, zu kopieren)

c   Wie viele Follower antworten auf den Beitrag? Wie viele Leute schreiben direkt auf der Seite? Beachten Sie vor allem die neuen Leute, die die Rolle des „darüber Sprechens" einnehmen. Diese zeigen folgende Metriken innerhalb eines Zeitraums von 7 Tagen: Einen Beitrag auf Ihrer Seite teilen, Ihre Seite liken, Ihre gestellten Fragen beantworten, Ihre Seite markieren, Ihren Beitrag teilen oder Ihr Unternehmen testen.

d   Überprüfen Sie, ob die Seite einen Willkommens-Tab oder eine andere Art von Tab hat. Die Tabs finden Sie auf der linken Seite. Ist dieser Willkommens-Tab sinnvoll, um das Unternehmen zu präsentieren? Welche Art von anderen Tabs hat die Seite?

e   Identifizieren Sie die Schwachstellen der Seite und finden Sie Maßnahmen, diese zu beheben.

2. Nutzen Sie die besten Praktiken von Facebook

Indem Sie Facebook als Instrument nutzen, um Ihr Unternehmen zu vermarkten, sollten Sie auch dazu bereit sein, sich auf Änderungen und Neuerungen einzustellen. So können Sie sichergehen, dass dieser mächtige Onlinekanal die Art von Inhalten teilt, die es Ihnen erlaubt, mit Ihrer Zielkundschaft zu kommunizieren. Im Folgenden finden Sie die besten Praktiken, um sicherzustellen, dass Sie noch immer Teil des Publikums auf Facebook sind.

Nutzen Sie Facebook Insights

Facebook Insights ist ein wunderbares Instrument, um wertvolle Informationen über Facebook-Nutzer, die Ihre Seite liken, zu erhalten. In Insights können Sie Demographien Ihrer Fans sortiert nach Alter, Ort und Geschlecht sehen. Zusätzlich können Sie sich die Fans anschauen, die häufig mit Ihren Inhalten und Ihrer Seite interagieren.

Mit Insights können Sie auch Ihre Leistungen mit denen Ihrer Konkurrenten vergleichen. So erfahren Sie, ob Änderungen an Ihrer Strategie vonnöten sind, ob Sie hinterherhinken oder einen meilenweiten Vorsprung haben.

Sprechen Sie mit jedem Beitrag die richtige Zielgruppe an

Mit Hilfe der Daten, die Sie aus Facebook Insights gewinnen, können Sie gezielt Ihre Beiträge setzen und sichergehen, dass die richtigen Leute sie sehen können.

Sie können jeden Facebookbeitrag, den Sie auf Ihrer Facebookseite teilen, je nach Segment der Fans verfeinern.

Wie Sie die Facebook-Zielgruppenauswahl einstellen

Alle Facebookseiten haben die Möglichkeit einer Zielgruppenauswahl, ganz gleich, wie viele Fans Sie haben. Sollte das Zielgruppensymbol in Ihrem Beitragsbereich nicht verfügbar sein, können Sie dies in den Einstellungen ändern. Dazu gehen Sie wie folgt vor:

1. Klicken Sie auf „Einstellungen". Gehen Sie sicher, dass Sie im Reiter „Allgemein" sind, den Sie auf der linken Seite finden. Bitte beachten Sie, dass nur die Seitenadministratoren darauf Zugriff haben.

2. Wählen Sie „Zielgruppenoptimierung für Beiträge".

3. Aktivieren Sie das Kontrollkästchen neben „Erlaube die Auswahl einer bevorzugten　　　　Zielgruppe und die Einschränkung der Zielgruppe für deine Beiträge".

4. Speichern Sie die Änderungen.

Sobald Sie eine Zielgruppenkategorie gewählt haben, können Sie die Zielgruppenoptionen einstellen, wenn Sie zurück in Ihren Beitrag gehen. Entweder direkt im Bereich des Beitrags oder mit Hilfe eines Pop-up-Fensters, das einige Sekunden später auftaucht. Sie können auch mehrere Zielgruppenoptionen wählen.

Lediglich die Seitenadministratoren können sehen, dass Sie die Zielgruppeneinstellungen für diesen Beitrag geändert haben. Niemand sonst hat auf diese Optionen Einsicht.

Bei der Zielgruppenauswahl nach Geschlecht, Beziehungsstatus und Alter sollten Sie immer Ihre Unternehmenseigenschaften und den Effekt, den diese Faktoren darauf haben können, beachten. Falls Sie zum Beispiel Frauenkleidung vertreiben, ist es natürlich ein Leichtes, Frauen als Zielgruppe zu wählen. Wenn Sie Ihr Menü zum Valentinstag in Ihrem Restaurant bewerben, können Sie diejenigen für diesen Beitrag auswählen, die in einer Beziehung sind.

Wenn Sie ein lokales Unternehmen sind, sollten Sie Ihr Zielgebiet auf einen Radius von 5 bis 10 km um Ihren Unternehmensstandort eingrenzen. Wenn Sie Ihre Seite auf Deutsch eingestellt haben, ist Deutsch die Standardsprache. Sollten viele Ihrer Kunden jedoch eine andere Sprache sprechen (zum Beispiel Englisch oder Spanisch), können Sie diese Sprachen als Zielgruppe auswählen, auch wenn Ihre Beiträge auf Deutsch sind. Dann wird Ihr Kunde, selbst wenn seine Sprache auf Englisch oder Spanisch eingestellt ist, Ihren Beitrag sehen können.

Sie können Ihre Zielgruppeneinstellungen auch auf Interessensgebiete begrenzen. Wenn Sie zum Beispiel ein Sportladen sind, der eine breite Auswahl an Sportausstattung und -ausrüstung verkauft, sollten Sie als Zielgruppe für Fahrradbekleidungswerbung Fahrradliebhaber wählen.

Fügen Sie Videos zu Ihren Beiträgen hinzu

Aktuelle Studien zeigen, dass Videobeiträge im Vergleich zu anderen Beitragsarten mehr Aufmerksamkeit erhalten und eine größere Bindung erzeugen. In den letzten Jahren hat Facebook umfassende Befragungen durchgeführt und Nutzerrückmeldungen ausgewertet. Dabei haben sie herausgefunden, dass ihre Nutzer Videos gegenüber Bildern, Texten und Links bevorzugen. Daher wird Ihre Seite mehr Zuspruch erhalten, wenn Sie Videos zu

Ihren Beiträgen hinzufügen.

Zudem ist Facebook Beiträgen gegenüber, die die Nutzer auf Facebook halten, statt sie auf externe Seiten weiterzuleiten, generell positiver eingestellt. Nutzer, die auf Facebook bleiben, können mehr Anzeigen sehen, und das bedeutet höhere Einnahmen für Facebook.

Sobald Sie daher Videos direkt auf Ihre Facebookseite hochladen, werden diese automatisch starten, wobei der Ton standardmäßig auf lautlos geschaltet ist. Sie werden beobachten können, dass die Videobeiträge deutlich mehr Zulauf finden als andere Beiträge.

Dies sind die besten Praktiken, um ein Facebook-Video zu erstellen:

- Laden Sie das Video zuerst auf YouTube hoch und teilen Sie es dann auf Facebook.

- Fangen Sie Ihr Zielpublikum innerhalb der ersten 3 Sekunden Ihres Videos, auch wenn dieses lautlos ist. Sie müssen sichergehen, dass Ihr Video von Beginn an ansprechend ist. Das Beste ist, visuelle Elemente zu verwenden, wie zum Beispiel Farben, Symbole, Grafiken etc., die das Video ästhetisch und fesselnd zeigen. Es muss so fesselnd sein, dass das Zielpublikum aufhört, in den Neuigkeiten zu stöbern, und den Lautstärkeregler hochstellt.

- Fügen Sie eine Mitmachkampagne hinzu. Facebook ermöglicht es Ihnen, am Ende Ihres Videos eine Mitmachkampagne einzubauen. Sie können einen passenden Link, der zu Ihrem Blog, Ihrer Website oder Ihrer Landing-Page führt, hinzufügen. Beachten Sie hierbei, dass Sie die Kampagne immer erst am Ende des Videos einbauen können.

Entwerfen Sie eine Serie von Facebookwerbeanzeigen, die auf das gleiche Ziel hinführt

Vor kurzem hat Facebook ein Experiment durchgeführt, das den Unterschied zwischen aufeinanderfolgenden und einzelnen Werbeblöcken ausgewertet hat. Facebooknutzer, die einer Werbeserie ausgesetzt waren, sind geneigter, die Landing-Page zu besuchen.

Eine Werbungsserie über das gleiche Thema ist im Grunde eine Geschichte, die Sie Ihrer Zielgruppe erzählen, um ihr Interesse aufrecht zu erhalten. Auch wenn sie nicht gleich die erste Werbung liken, werden sie im Laufe der Serie eher eine persönliche Bindung erkennen.

Dies sind die besten Methoden, um eine Werbungsserie zu entwerfen:

- Schaffen Sie ein Ziel - das Ziel, das Sie wählen, kann alles sein, von einer spezifischen Landing-Page bis hin zu einem speziellen Produkt. Stellen wir uns vor, Sie benötigen mehr Zulauf zu Ihrem Newsletter, der kostenlose Probeprodukte anbietet.

Nun können Sie mindestens drei Facebookanzeigen entwerfen. Basierend auf Ihrem Zielmarkt zeigen Sie verschiedene Anzeigen, je nachdem, auf welcher Stufe des Vertriebswegs er sich befindet. Sollten die Zielpersonen Ihr Produkt zum Beispiel noch nicht kennen, ihre Profile aber zeigen, dass sie an ähnlichen Produkten interessiert sind, könnten Sie solch eine Serie entwerfen:

Anzeige Nr. 1 - Markenbewusstsein

Anzeige Nr. 2 - Hauptvorteile Ihres Produkts oder Ihrer Dienstleistung

Anzeige Nr. 3 - Angebot einer kostenlosen Probe

Egal welche Anzeige der Kunde nun anklickt, sie wird ihn immer zu der gleichen Landing-Page führen. Wenn Sie es aber als Serie gestalten, wird es Ihren Verkauf ankurbeln.

Entwerfen Sie einen gemeinsam nutzbaren Inhalt

Es ist egal, ob Ihre Beiträge theoretisch Tausende von Menschen erreichen könnten, wenn der Inhalt die Leute nicht dazu bringt, ihn anzuklicken oder zu teilen. Das Beste ist, verschiedene Arten von Beiträgen zu entwickeln mit unterschiedlichen Überschriften, Texten, Videos oder Bildern, die Ihr Zielpublikum dann emotional oder gefühlstechnisch ansprechen können.

Hier finden Sie einige Tipps, wie Sie Beiträge auf Facebook entwerfen können, die mit hoher Wahrscheinlichkeit geteilt werden:

- Aktualität - achten Sie darauf, was momentan im Trend liegt und nutzen Sie Hashtags, damit Nutzer, die etwas suchen, es auf Ihrer Facebookseite finden können. Vergewissern Sie sich, dass Sie die komplette Geschichte kennen, bevor Sie Ihre Beiträge veröffentlichen, falls Sie den Inhalt nicht in der richtigen Reihenfolge verwenden.

- Vertrautheit - Ihre Facebook-Beiträge sollten auf die Emotionen Ihres Zielpublikums zugeschnitten sein. Sie sollten Ihre Beiträge vermenschlichen, sodass sich reelle Menschen damit identifizieren können. Momentan gibt es ein Wiederaufleben der Dinge, die in den 90ern populär waren. Das ist auch aktuell, daher können Sie dies nutzen, um Vertrautheit und Nostalgie aufkommen zu lassen.

- Neuheit - indem Sie originelle Beiträge veröffentlichen, werden Facebooknutzer Ihre Beiträge auf der einen Seite begeistert anwählen und teilen, und auf der anderen Seite Spaß daran haben, mit Ihrem Unternehmen zu interagieren. Sie können ein neues Format oder einen neuen Klang wählen, der Sie von Ihren Mitbewerbern abhebt.

Bieten Sie Wettbewerbe auf Facebook an

Wettbewerbe auf Facebook anzubieten ist eine gute Möglichkeit, um die bestehende Beziehung zu Ihren Kunden zu stärken und Ihren Markenbekanntheitsgrad zu verbessern.

Hier finden Sie einige Wettbewerbe, die Sie auf Facebook anbieten können:

- Einen Fotowettbewerb, um den Bekanntheitsgrad Ihrer Marke zu stärken. Ein Fotowettbewerb wird Ihre Facebookfans dazu bringen, diesen mit Freunden und Bekannten zu teilen, um ihre Chance zu erhöhen, den Wettbewerb zu gewinnen. Zudem können sich durch Fotowettbewerbe zusätzliche Kontakte für Sie auftun.

- Eine Verlosung, um neue Kontakte herzustellen. Diese Art von Wettbewerb ist diejenige mit dem geringsten Widerstand zu Beginn und daher der schnellste Weg, um neue Kontakte herzustellen. Sie können dies mit einem Preis verbinden, der mit Ihrem Unternehmen zu tun hat, so erhalten Sie Kontakte, die mit hoher Wahrscheinlichkeit Interesse an Ihren Produkten haben.

- Abstimmungen, um Ihre Geschäfte zu fördern. Wählen Sie zwei oder drei Ihrer meistverkauften Produkte und ermuntern Sie die Menschen, abzustimmen, welches von diesen sie am meisten präferieren. Sie können einen beliebigen Gewinner bestimmen, der dann einen ansprechenden Preis erhält.

3. Bringen Sie Ihre Facebookseite auf Vordermann

Ihre Facebookseite muss ein warmer und komfortabler Ort für Ihre Fans und Kunden sein. Aber das Wichtigste ist, dass sie Ihr Unternehmen repräsentiert.

Das Beste ist, Ihrer Facebookpage eine Willkommensseite hinzuzufügen. Die Willkommensseite ist auch bekannt als Willkommens-Tab. Die Chance dahinter ist, dass Kunden die Seite liken, wenn sie den Willkommens-Tab sehen, noch bevor sie die Seite an sich erkundet haben. Der Willkommens-Tab kann entweder ganz einfach sein, indem er ein Bild beinhaltet, das Ihr Unternehmen präsentiert, oder auch komplizierter, mit weiteren Bildern und Informationen unter dem Bild. Dies ist bekannt als Rahmen-Tab, oder Inhalt, der nur für Fans zugänglich ist.

Indem Sie personalisierte Tabs verwenden, stechen Sie direkt, von Beginn an, heraus. Die Seite ermöglicht es Ihnen, Ihren Kunden von Ihrem Unternehmen zu erzählen, dadurch werden sie eher zu Menschen, die die Seite liken und später zu zahlenden Kunden. Studien zufolge können Sie Ihre Likes um 50% dadurch erhöhen, dass Sie einen Willkommens-Tab erstellen.

Wie Sie personalisierte Tabs erstellen

Sie können personalisierte Tabs mit Hilfe einer iFrame App erstellen. Sie können auch eine eigene iFrame App erstellen, wesentlich einfacher ist es jedoch, vorgefertigte Vorlagen von Dritten zu verwenden.

Hier finden Sie einige Facebook Apps, die Sie verwenden können, um Ihre persönlichen Tabs zu erstellen.

TabSite ermöglicht es Ihnen, mehrere Tabs innerhalb Ihres personalisierten Tabs zu erstellen. Sie errichten im Grunde eine Mini Website. Sie können Ihren personalisierten Tab auf der Website erstellen und diesen dann auf Ihre Facebookseite hochladen.

Lujure ist perfekt für Sie, wenn Sie das Programmieren nicht beherrschen. Diese App bietet eine Drag-and-Drop-Oberfläche. Die App bietet eine kostenlose Variante, die einen einzelnen Tab beinhaltet, und auch Kapazität für Inhalte, die nur für Fans sichtbar sind. Sie können diese App direkt von der Website installieren.

Wildfire iFrame ist eine kostenlose App, die es Ihnen ermöglicht, Ihren eigenen personalisierten Tab zu erstellen. Die Installation ist einfach und sie bietet Kapazität für Inhalte, die nur für Fans sichtbar sind. Falls Sie programmieren können, können Sie eine ausgefallene Willkommensseite erstellen. Sie können als Willkommensseite auch ein Bild verwenden.

ShortStack ist eine weitere empfohlene iFrame App, falls Sie nicht gut im Programmieren sind und dennoch einen personalisierten Tab möchten. Auch hier verwenden Sie Drag-and-Drop, um Ihren personalisierten Tab zu erstellen. Zudem können Sie ein Feld für E-Mail-Adressen einbetten (über Constant Contact oder MailChimp). So können sich die Leute einfach für Ihren Newsletter einschreiben.

Pagemodo ist eine weitere, einfach zu nutzende App. Diese App ist ideal, wenn Sie gerne mehrere Bilder verwenden, Ihre Programmierkenntnisse jedoch nicht so gut sind. Wenn Sie einen personalisierten Tab erstellen, sollten Sie diesen als Standard-Landing-Tab einstellen, auf dem Ihre Fans als Erstes landen. Sobald ein Nutzer Ihre Seite liked, wird er immer zuerst auf diese Seite kommen.

4. Planen Sie Ihre Inhalte

Beim Online-Vermarkten Ihres Unternehmens sollten Sie immer beachten, dass der Inhalt das Wichtigste ist. Ganz gleich, ob Ihre Website visuell ansprechend ist oder Ihre Facebook Seite geschniegelt, Ihr Zielpublikum wird keinen Kontakt mit Ihnen aufbauen, wenn Sie Ihre Inhalte nicht planen.

Daher sollten Sie sich immer die Zeit nehmen, einen Themenkalender zu erstellen, der Ihnen hilft, zu planen, welche Art von Inhalt Sie wann veröffentlichen möchten. Eine der größten Herausforderungen des Marketings in den sozialen Medien ist, zu wissen, was Sie veröffentlichen wollen. Mit einem Themenplan haben Sie bereits einen Entwurf, den Sie als Referenz nutzen können. Damit müssen Sie nicht mit einer leeren Seite beginnen, um herauszufinden, welche Nachricht Sie Ihrem Publikum übermitteln möchten.

Ein Themenplan für Facebook bietet Ihnen eine Übersicht darüber, was Sie veröffentlichen müssen, um sicherzustellen, dass Sie alle Themen und Produkte ansprechen, die Sie abdecken möchten. Sie stellen damit auch sicher, dass Sie nicht ständig die gleichen Inhalte veröffentlichen. Dies zwingt Sie dazu, darüber nachzudenken, was wichtig ist und was nicht, und Sie machen nicht den Fehler, Inhalte zu posten, einfach nur, um etwas auf Facebook veröffentlicht zu haben.

Sie können zwischen zwei verschiedenen Arten von Themenkalendern wählen. Die erste ist ein größerer Entwurf mit allen Aktionen und besonderen Events für das gesamte Jahr, die Sie in Ihren Beiträgen hervorheben können. Die zweite Art ist ein wöchentlicher Kalender, der Ihnen die Struktur für die täglichen Beiträge, wie zum Beispiel Bilder, Videos, externe Links etc. vorgibt.

Montag	10:00 Uhr	Externer Link zu einem interessanten Artikel
Dienstag	10:00 Uhr	Ihr eigener Blog-Artikel
Mittwoch	10:00 Uhr	Kunde der Woche

Ich hoffe, Sie verstehen, worauf ich hinauswill. Indem Sie einen wöchentlichen Themenkalender erstellen, wird Ihre Zielgruppe Ihr Beitragsmuster erkennen und sogar bestimmten wöchentlichen Events erwartungsvoll entgegenblicken. Sie sollten sich jedoch Notizen machen, was gut bei Ihrer Zielgruppe ankommt und was nicht.

Ein allgemeiner Themenkalender hilft Ihnen, Ihr Online-Marketing aus dem gleichen Blickwinkel zu betrachten wie Ihre anderen Marketinganstrengungen. Er wird Sie davor bewahren, sich selbst zu wiederholen. Zudem wird er Ihnen helfen, hervorzuheben, was Sie hervorheben möchten und Marketingkampagnen in verschiedenen Medien zu synchronisieren. Er ermöglicht Ihnen, ein ausgeglichenes Verhältnis von vitalen Beiträgen, Wettbewerben, Live Events und anderen Marketinginstrumenten zu schaffen.

5. Verstehen Sie, dass Facebook ein Unternehmen ist

Ja, Facebook ist diese ausgefallene Plattform der sozialen Medien. Aber hinter den Kulissen ist Facebook ein Unternehmen, das Geld verdienen muss. Ähnlich wie andere inhaltsgesteuerte Unternehmen verdient Facebook viel Geld damit, seine Leser Werbenden zu präsentieren. Mit dem Druck, gute Inhalte zu bringen, erweitert Facebook seine Anstrengungen, um Content zu zeigen, der aktuell, relevant und populär ist.

Facebook bezieht sich auf diese drei Faktoren mit den Begriffen Zeitverfall (Aktualität), Gewicht (Relevanz) und Affinität (Popularität). Diese drei Faktoren beeinträchtigen den EdgeRank und werden als die „Edges" (Ecken) gesehen, die die Algorithmen von Facebook einordnen, um herauszufinden, welche Inhalte für die Nutzer interessant sind.

Zeitverfall bezieht sich auf den geringer werdenden Wert des Inhalts, je mehr Zeit vergeht. Der Beitrag, den Sie heute veröffentlichen, kann eine wichtige Neuigkeit sein, morgen ist sie jedoch bereits Teil der Vergangenheit.

Gewicht ist der Wert, der dadurch ermittelt wird, wie viele Kommentare und Aktionen ein Beitrag von den Facebooknutzern erhalten hat. Sobald Aktionen (Kommentare, Teilen, Taggen, Liken) vorgenommen werden, gewinnt der Beitrag an Relevanz für die Gemeinschaft.

Affinität ist die Einschätzung zwischen dem Ersteller der Edge und dem Nutzer. Wie nahe Sie der Person stehen, die den Inhalt teilt, legt die Punktzahl der Affinität fest.

Sie können diese drei Edges schärfen, indem Sie Ihre Facebookfans dazu bringen, sich auf Ihre Inhalte einzulassen.

Einen hohen EdgeRank zu erzielen ist abhängig von der Erstellung von Inhalten, die die Menschen dazu bringen, drauf zu klicken und dies regelmäßig zu wiederholen. Bieten Sie Ihren Nutzern Inhalte, die sie interessieren, sodass sie anschließend eine Aktion auf Facebook durchführen. Dies kann dann Ihre EdgeRank-Punktzahl und damit Ihren Online-Bekanntheitsgrad erhöhen. Um zu erfahren, wo sich Ihr EdgeRank befindet, können Sie externe Webseiten, wie zum Beispiel **www.Edgerankchecker.com**, nutzen. Dieses Instrument bietet eine Einschätzung, wie gut Sie mit Ihren Fans interagieren. Dieses Onlineinstrument kann Ihnen sagen, an welchen Tagen Sie den meisten Zuspruch erhalten.

Sie können nicht einfach annehmen, dass Ihre Fans einfach reagieren, nur, weil Sie großartige Inhalte bieten. Stattdessen sollten Sie immer um Rückmeldungen bitten. Wenn Sie einige erfolgreiche Facebookseiten aufrufen, werden Sie feststellen, dass die meisten Beiträge irgendeine Art von Rückmeldung verlangen. Stimmen Sie damit überein? Was denken Sie? Haben Sie andere Vorschläge, diese Mahlzeit zuzubereiten? Mit Hilfe dieser Fragen können Sie Ihr Publikum ermutigen, Feedback zu geben.

Nach den neuesten Änderungen auf Facebook ist es nun noch wichtiger, hohen Zuspruch zu erhalten, so kann Ihr Beitrag als Top Story ausgezeichnet werden.

6. Beliefern Sie Ihre Gemeinschaft

Beachten Sie, dass Facebook eine Gemeinschaft ist. Daher müssen Sie Facebook fördern, um die Gemeinschaft zusammenzubringen und den Gemeinschaftssinn zu unterstützen. Sie sollten sich Gedanken über Online-Events machen, die Sie auf Facebook abhalten können. Dies sind einige Ideen:

Unternehmens-Web-Seminare

Facebook-Foren

Einführung neuer Produkte

Online-Partys

Sie benötigen ein PlugIn oder eine App, um Videos freizugeben. Live-Facebook-Events ermöglichen es Ihnen, sich direkt mit Ihren Kunden auszutauschen. Dies gibt Ihnen die Chance, virtuell in Echtzeit mit Ihren Kunden zu interagieren, während Sie ihnen wichtige Informationen über Ihre Produkte übermitteln, neue Produkte einführen oder einfach nur eine Show für Ihre Fans kreieren, indem Sie ihnen einzigartige Erlebnisse für Ihre Marke zur Verfügung stellen. Sobald dies einschlägt, können die Fans Ihre Marke ganz einfach über Facebook oder andere soziale Medien verbreiten - kostenlos!

7. Lassen Sie eine gezielte Facebook Werbekampagne laufen

Facebook, heutzutage die bekannteste Social Media Plattform, ermöglicht es Ihnen, Ihre Werbung direkt auf deren Seite zu posten. Facebook kann Ihnen helfen, ein Publikum aufzubauen, und sicherstellen, dass Ihre Zielgruppe die Werbung sieht. Sie bekommen sogar kostenlose Grafiken für Ihre Zielgruppe zur Verfügung gestellt. Vielleicht denken Sie nun, dass dies zu gut klingt, um wahr zu sein. In gewisser Hinsicht ist das auch so. Auch wenn Sie ein Publikum über Facebook aufbauen können, kann es sich als schwierig gestalten, mit diesem so effektiv zu kommunizieren, wie Sie möchten. Es ist einfach, gute Inhalte auf Ihrer Seite zu veröffentlichen. Ihre Konkurrenten tun jedoch vielleicht das Gleiche. Daher müssen Sie herausstechen, um mit höherer Wahrscheinlichkeit auf den Neuigkeiten Ihrer Zielgruppe zu erscheinen. In der Vergangenheit war es möglich, Leuten, die Ihre Seite geliked haben, direkt eine Nachricht zu schreiben. Facebook hat diese Möglichkeit abgeschafft, daher müssen Sie nun die beste Möglichkeit finden, mit Ihrem neuen Publikum zu kommunizieren.

Die beste Möglichkeit ist, das mit bezahlter Werbung zu machen. Falls Sie bereits Google AdWords kennen, wird es Ihnen leichtfallen, die Dynamik von Facebookwerbung zu verstehen. Sie können entscheiden, wie viel Sie pro Klick bezahlen und ein Tageslimit setzen.

Anstelle von Schlüsselwörtern stellen Sie demographische Merkmale und Interessen ein. Es gibt auch textbasierte Werbung. Für diese können Sie einen effektiven Text erstellen, so wie Sie es für Google oder Bing machen würden. Der Unterschied bei Facebook ist, dass Sie zu dem Text ein Bild einfügen können. Sie werden feststellen, dass das Bild eine entscheidende Rolle dabei spielt, ob die Werbung beachtet wird oder nicht.

Zudem können Sie Ihre Werbung zielgerichtet einsetzen, sodass nur eine bestimmte Bevölkerungsgruppe sie sehen kann. Sie können Ihre Zielgruppe zum Beispiel eingrenzen, indem Sie eingeben, dass sie zwischen 30 und 40 Jahren alt sein soll, berufstätig, gern shoppen geht und in New York lebt. Durch die geschätzte Reichweite können Sie genau ermitteln, wie viele Menschen Ihre Werbung sehen werden.

Eine weitere Art der Facebookwerbung ist durch Sponsored Stories. Dieses Feature ermöglicht es Ihnen, Elemente, die Ihre Seite, App oder den Ort erwähnen, nochmals zu teilen. Damit haben Sie die Chance, den (im Idealfall) interessanten Beitrag über Ihre Kundschaft hinaus zu verbreiten oder Ihren Fans eine weitere Möglichkeit zu geben, den Beitrag zu sehen. Sponsored Stories kann kostengünstiger sein als Facebookwerbung für Seiten.

Ein erstaunliches und einzigartiges Merkmal von Facebookwerbung ist die Möglichkeit, nach Facebook-Verbindungen zu sortieren. Sie können Ihre Werbung entweder Fans, keinen Fans oder auch Freunden Ihrer Fans zur Verfügung stellen. Die Nutzer haben ähnliche Interessen wie Ihr Kundenstamm. Das Beste an Facebookwerbung ist, dass es Sie nicht viel kostet, Ihre Optionen auszuloten.

8. Erwerben Sie Facebook Insights

Sie gehen wahrscheinlich davon aus, dass Sie sich ganz gut damit schlagen, Ihr Zielpublikum aufzubauen und es über Facebook zu gewinnen. Es ist jedoch immer sinnvoll, die Analysenfunktion auf Facebook, bekannt als Insights, zu verwenden. Um Insights für Ihre Seite zu sehen, klicken Sie auf „Seite bearbeiten". Sie finden es auf der oberen rechten Seite (nur für Seitenadministratoren sichtbar). Anschließend wählen Sie „Insights" in der Navigation auf der linken Seite.

Sie werden auf eine Übersichtsseite mit zwei Bereichen geleitet. Sie können Grafiken sehen, die Ihnen zeigen, wie viele Menschen Ihre Seite bereits gesehen oder mit ihr interagiert haben, selbst wenn sie sie noch nicht geliked haben. Sie haben auch Zugriff auf „Details anzeigen", entweder für Interaktionen oder Nutzer, um die Zusammensetzung des Gesamten zu überprüfen. Die Details der Nutzer beinhalten auch die Like Sources, auf denen Sie sehen können, woher die Kunden kommen. Die Nutzerdetails zeigen auch die grundlegenden demographischen Merkmale der Leute an, die Ihre Seite liken.

Im Bereich „Details ansehen" werden Sie auf eine Seite weitergeleitet, auf der Sie sehen können, wie oft sich die Leute jeden Ihrer Beiträge angesehen haben. Es gibt Ihnen auch für jeden Tag ein Feedback - wie viele haben kommentiert, weil viele geliked, wie viele haben sich abgemeldet. Darunter findet sich eine Liste für jeden Beitrag mit der Anzahl an Feedbacks und Impressionen.

Facebook entwickelt neue Updates für Insights. Um die erneuerte Seite zu sehen, können Sie auf **www.Facebook.com/insights** gehen und dem Link folgen, um zu den aktualisierten Maßstäben zu kommen. Die Übersichtsseite ermöglicht es Ihnen, das Schaubild für Ihre wöchentlichen persönlichen Erfolge zu sehen. Dieses beinhaltet auch die virale Reichweite Ihrer Beiträge. Sie können die Art der Beiträge eingrenzen, um zu prüfen, welche für Sie passend ist. Sie können dies selbst erkunden. Fahren Sie einfach mit der Maus über die „i"s, um einen flüchtigen Einblick in eine kurze Einleitung, die Ihnen weiterhelfen kann, zu erhalten.

Die erneuerte Insights-Seite bietet Ihnen alles, was die vorhergehenden Versionen angezeigt haben, nur in einem anderen Format.

KAPITEL 3 - MARKETINGSTRATEGIEN FÜR TWITTER

Für Unternehmen kann Twitter ein sehr wirkungsvolles Instrument sein, um mit Kunden Kontakt aufzunehmen. Vor allem, um Beziehungen aufzubauen, Kunden zu managen und guten Service zu bieten. Wenn Sie Twitter nutzen, um interessante und nützliche Inhalte zu vertreiben, kann das helfen, viele Menschen auf Ihre Seite zu lotsen. Dies bietet Ihnen die Möglichkeit, diese Besucher in Kontakte zu verwandeln und diese in zahlende Kundschaft. Viele Unternehmen nutzen Twitter, um durch ihre Tausenden von Followern tausende Kontakte herzustellen.

Neben Kontaktbildung und Kundenservice kann Twitter auch für Folgendes genutzt werden:

- Behalten Sie den Überblick über die Leute und beschäftigen Sie sich mit den Menschen, die über Ihre Branche, Ihre Konkurrenten, Ihre Firma, Ihre Produkte oder Ihre Dienstleistungen reden.

- Verbreiten Sie bevorstehende Events.

- Ermöglichen Sie es Ihren Mitarbeitern, online eine Verbindung zu den Kunden herzustellen.

- Bauen Sie direkte Beziehungen zu Journalisten, Bloggern und PR-Spezialisten aus, um Ihren Bekanntheitsgrad zu steigern.

In diesem Kapitel werden Sie Unternehmensmarketingstrategien und Taktiken erlernen, die von Unternehmen für ihren Onlinewachstum verwendet werden.

Erstellen und optimieren Sie das Twitterprofil Ihrer Firma

Finden Sie heraus, warum Sie Twitter für Ihr Unternehmen verwenden sollten und ermitteln Sie eine Zielgruppe. Stellen Sie sicher, dass Sie die folgende Frage beantworten:

Was sollen Ihre Follower auf Twitter von Ihnen denken und was sollen sie tun?

Je nachdem, was Sie erreichen möchten, gestaltet sich auch, was Sie tweeten müssen. Sie sollten Ihr Twitter Profil personalisieren, um einen Grund zu bieten, warum die Leute Ihnen folgen sollten. Informieren Sie mögliche Follower über Ihre Firma und machen Sie das Profil verlockender. Ein gutes Beispiel für ein personalisiertes Twitter Profil ist Cadbury World:

Erstellen Sie ein Firmenprofil, dem man einfach folgen kann

Falls Ihr Twitterprofil bereits fertiggestellt ist, sollten Sie weitere Möglichkeiten aufbauen, um neue Follower zu gewinnen, indem Sie sicherstellen, dass all Ihre Online-Accounts (Blog, Website und Profile auf sozialen Medien) auch mit Ihrem Twitter-Account verbunden sind.

Zumindest sollten Sie den Twitter-Button auf der Startseite Ihrer Website, der Seitenleiste Ihres Blogs und der „Über Uns"-Seite einfügen. Um Ihre Online-Präsenz zu erhöhen, sollten Sie auch einen Link zu Ihrem Account in der E-Mail-Signatur und dem „Über uns"-Bereich auf Ihren anderen Profilen in den sozialen Medien hinzufügen.

Erstellen Sie einen Inhaltsplan, um Ihre Twitterstrategie zu unterstützen

Viele erfolgreiche Unternehmen haben Twitter genutzt, um mehr Anhänger zu gewinnen, ihr Unternehmen zu vergrößern und Kontakte herzustellen. Der Hauptgrund dafür ist, dass diese Unternehmen dadurch gedeihen, dass sie Inhalte entwickeln, die das Leben ihrer Zielgruppe leichter gestalten. Indem Sie Inhalte entwickeln und verbreiten, die Ihrem Publikum helfen, ihr Leben zu verbessern, können Sie ihr Vertrauen gewinnen.

Daher sollten Sie sich im Bezug auf Twitter zuerst darauf konzentrieren, nützliche Inhalte zu erstellen, wie zum Beispiel E-Books, Präsentationen, Infografiken, Blogbeiträge, die Ihre Zielgruppe interessant oder nützlich finden könnte.

Twitterbeiträge sind wie digitale Edelsteine, die Ihre Twitter-Follower zu umfangreicheren Inhalten führen, die diese dann downloaden können, nachdem sie einen Antrag abschließen, wie zum Beispiel das Ausfüllen eines Formulars. Ihr Unternehmen kann zudem mehr Besucher auf Ihre Landing-Page führen, wo Sie sie von Besuchern in Kontakte verwandeln können.

Ohne Inhalte entwickelt zu haben, mit dem Ziel, Probleme Ihrer Zielgruppe zu lösen, haben Sie nichts Interessantes, um auf Twitter zu werben oder zu posten. Das Beste ist, sich zuerst um den allgemeinen

Inhalt und Ihre Strategien zur Kontaktbildung zu kümmern. Anschließend können Sie mit einfachen Änderungen sicherstellen, dass diese Nachrichten passend für Twitter sind.

Vermeiden Sie es, zu aggressiv auf Verkaufskurs zu gehen

Wenn Sie nur darüber reden, was Sie verkaufen, erhält Ihre Firma den Anschein eines Werbeunternehmens, das nur hinter Geld her ist.

Es gibt zwei Möglichkeiten, Kontakte herzustellen: Direkt und indirekt.

Bei der direkten Art können Sie Kontakte herstellen, indem Sie Inhalte teilen, die mit Hilfe eines Kontaktformulars direkt auf die Landing-Page Ihrer Website führen. Mit dieser Strategie können Sie Ihre Landing-Page teilen, um Inhalte zum Downloaden bereitzustellen, wie zum Beispiel Checklisten, Vorlagen, Grundlagenpapier und E-Books.

Bei der indirekten Art erfolgt ein Kontakt, nachdem Sie interessanten Content geteilt haben, der nicht mit einem Formular verbunden ist. Mit dieser Strategie können Sie Inhalte von Dritten teilen, wie Videos, Fotos, Blog-Beiträge, Retweets und @Antworten.

Beachten Sie, dass der Schlüssel im Kontakte über Twitter herzustellen darin liegt, Ihre Inhalte, die auf andere Bereiche als Verkaufsförderung oder Kontaktherstellung zielen, zu variieren.

Das Erstellen von nicht verkaufsbezogenen Zielen, wie Kundenbindung, Kundenzufriedenheit, Zielgruppenerreichbarkeit, Markenbekanntheit und Online Buzz, ist genauso wichtig wie die Kontaktherstellung. Dies sind Sprungbretter auf dem Weg zum Ziel: Mehr Aufträge.

Wenn Sie lediglich Tweets veröffentlichen, in denen es darum geht, sich für Ihr kostenloses Testkonto anzumelden, ein Probeprodukt oder einen Rabatt zu erhalten, ist die Gefahr hoch, dass Sie Ihre Anhänger langweilen.

Eine gute Daumenregel ist die folgende:

- 80-90% der Tweets sollten Content beinhalten, den Ihre Zielgruppe als nützlich erachtet

- 10-20% der Tweets sollten direkter den Verkauf fördern

Selbst wenn Ihr Unternehmen ein B2B Unternehmen (Business to Business - nur Firmenkunden) ist, besteht Ihr Zielpublikum trotzdem aus reellen Menschen. Daher sollten Sie Inhalte teilen, die für die Menschen verlockender sind. Sie sollten dennoch eine Auswahl an Inhaltsarten bereitstellen, die dazu geeignet ist, Nutzen, wie Entertainment und Bildung, zu vermitteln.

Heben Sie Ihren Tweet hervor

Obwohl Twitter auf 140 Zeichen begrenzt ist, gibt es mehr, was Sie tun können, um Ihren Tweet hervorzuheben.

Sie könnten zum Beispiel Videos, Fotos oder Vines nutzen, um mehr Aufmerksamkeit für Ihren kontaktbringenden Inhalt zu erzeugen. Sie müssen mit Ihrem Grafikteam zusammenarbeiten, um attraktive Bilder anzufertigen, oder Sie beschäftigen einen freischaffenden Grafikdesigner, der Ihnen Bildmaterial für die Tweets erstellt.

Nachdem sie damit begannen, Fotos zusammen mit kurzen Links zu ihrer Landing-Page in den Tweets zu verwenden, haben viele Unternehmen einen erheblichen Zuwachs zu ihrem durchschnittlichen Umsatz bekommen. Um sicherzustellen, dass die Bilder auf Twitter gut wirken, ist es das Beste, rechtwinklige querformatige Bilder im Verhältnis 2:1 zu verwenden.

Es ist empfehlenswert, alle drei oder vier Tweets ein Bild einzusetzen, sodass diese sowohl im Feed als auch auf der Profilseite Ihres Unternehmens hervorstechen. Eine andere Möglichkeit, um Ihre Tweets aufzupolieren und die Kontaktaufnahme zu erhöhen, ist durch die

Lead Gen Cards, auf welche später genauer eingegangen wird.

Noch einmal zur Wiederholung, visuelle Inhalte können einen großen Einfluss an Ihrem Twittermarketing, hohen Klickraten, der Umsetzung und dem Beschäftigungsgrad haben. Daher ist es das Beste, Bilder, Vines, Videos oder GIFs zu Ihren Tweets hinzuzufügen.

Steigern Sie Ihre Online-Reichweite durch Twitter-Werbung

Werbung über Twitter ist eine sehr gute Möglichkeit, um sicherzugehen, dass Ihr Inhalt einem größeren Publikum gezeigt wird. Dies sollte jedoch mit einer soliden organischen Suchstrategie verbunden sein. Sie sollten nicht nur auf die „pro Klick"-Bezahlmethode angewiesen sein, um Ihre Kontaktanzahl zu erhöhen. Aber wenn Sie einen permanenten Strom an guten Inhalten haben, können die Tweets Ihnen helfen, die richtigen Kandidaten zu erreichen, wenn sie in Twitter stöbern.

Ihr perfekter Kandidat könnte auf Twitter sein

Die Frage ist jedoch, ob diese perfekten Kandidaten Ihnen folgen? Denken Sie darüber nach. Die Leute, die Ihnen auf Twitter folgen, kennen Sie bereits, es bedeutet jedoch nicht, dass es sich bei ihnen um zukünftige zahlende Kundschaft handelt. Auch wenn Sie Tausende von Followern begeistern, wird nur ein kleiner Prozentsatz davon wirklichen Bedarf und die finanziellen Mittel haben, um bei Ihnen zu kaufen. Darum ist es besser, Twitter in Form von Werbe-Tweets dafür zu bezahlen, dass Ihr Markt zu den Zielpersonen gebracht wird.

Indem Sie Twitter bezahlen und Werbe-Tweets verwenden, können Sie Ihre Chancen erhöhen, dass Ihr perfekter Kandidat den Tweet sieht. Nehmen wir an, Sie müssen Ihre Kontakte, zum Beispiel für einen speziellen Tweet zu einem Angebot oder einer Marketingkampagne, die Sie bewerben möchten, erhöhen. Oder Sie müssen an Onlinestärke für ein bevorstehendes Event zunehmen. Durch Werbe-Tweets können Sie sicherstellen, dass Ihre Nachricht an verschiedenen Orten auf der

Plattform erscheint, während Sie sonst vielleicht nicht gesehen werden würden.

Wo genau befinden sich Werbe-Tweets? Normalerweise sind sie wie folgt angeordnet:

- Ganz oben bei relevanten Such-Seiten

- In den Suchresultaten für einen beworbenen Trend

- In gepinnten Tweets für verbesserte Profilseiten

- In den Twitter-Feeds der Nutzer

- Auf offiziellen Desktop- und mobilen Kunden von Twitter

- Auf externen Twitter Apps wie Buffer oder HootSuite

In der Zwischenzeit können Sie Ihre Zielgruppe anhand von Schlüsselbegriffen, Interessen, Nutzername, Plattform oder Endgerät filtern.

Beim Filtern nach Schlüsselwörtern können Sie Twitter-Nutzer erreichen, die bestimmte Schlüsselbegriffe in ihren aktuellen Tweets verwendet haben, und auch die Tweets, die sie vor kurzem gesehen haben.

Beim Filtern nach Interessen können Sie Ihre Zielkundschaft anhand von mehr als 350 Interessenkategorien eingrenzen. Diese führen von Bildung, Essen und Trinken, Heim und Garten über viele weitere. Diese Hauptkategorien sind weiter in Unterkategorien aufgegliedert, so können Sie ganz spezifisch nach den Interessen Ihrer Zielpersonen filtern.

Die Eingrenzung nach Nutzernamen ist einmalig bei Twitter. Diese Möglichkeit erlaubt es Ihnen, nach bestimmten Usernamen zu filtern, die in Verbindung mit dem Angebot, Event oder Produkt, das Sie bewerben möchten, stehen. Dadurch können Sie Nutzer erreichen, die ähnliche Interessen haben wie der Follower mit dem gesuchten

Nutzernamen. Beachten Sie jedoch, dass es nicht möglich ist, speziell seine Follower anzuzielen.

Zuletzt haben Sie auch die Kontrolle darüber, zu wählen, auf welchen Endgeräten Ihre Werbung gesehen werden soll, wie zum Beispiel Desktop- oder Laptop-Computer, iOS, Android, Blackberry oder andere mobile Endgeräte. Stellen Sie jedoch sicher, dass Ihre Landing-Page für Mobilgeräte optimiert ist, bevor Sie Mobilgeräte auswählen.

Regeln im Umgang mit Werbe-Tweets

1. Beginnen Sie damit, ein Angebot oder eine Kampagne zu bewerben, die Ihre Zielgruppe großartig finden wird.

2. Die Fassung sollte klar und prägnant sein. Nutzen Sie nicht zu viele Hashtags oder Vermerke, sodass der Leser nicht durch das Anklicken des Links abgelenkt wird.

3. Der Link sollte den Nutzer direkt auf eine Landing-Page führen, die es ihm dann ermöglicht, das Angebot wahrzunehmen.

4. Die Landing-Page muss einen angepassten Titel und eine Metaerklärung beinhalten, die Ihrem Publikum einen besseren Einblick in den Wert des Angebots gibt.

Erinnern Sie sich daran, dass die Leute, die Ihnen auf Twitter folgen, vielleicht nicht die besten Kontakte für Ihre Produkte oder Dienstleistungen sind. Die beste Möglichkeit, um Kontakte zu finden, ist durch gezielte Twitter-Anzeigen.

Probieren Sie die Twitter Lead Gen Cards

Wenn Sie einen Tweet erweitern und einen Multimedia-Inhalt unter dem Beitrag sehen, ist das eine sogenannte Twitter-Card. Eine Lead Gen Card ist eine Art von Twitter-Card, die es Ihnen ermöglicht, Kontakte direkt innerhalb des Tweets zu generieren, im Austausch gegen ein Werbeangebot, wie zum Beispiel ein kostenloses E-Book.

Ein positives Merkmal der Lead Gen Cards ist, dass Nutzerinforma-
tionen, wie Twitter-Username, Name und E-Mail-Adresse, automatisch in die Karte eingespielt werden. Die Nutzer müssen nur auf einen
Knopf drücken, damit Sie ihre Kontaktinformationen erhalten. Die
Information wird mit einer Kundenbeziehungsmanagement-Plattform
verbunden, die in Twitter integriert ist.

Es gibt vier Arten von Inhalten, für die Sie eine Lead Gen Card erstellen müssen:

1. Angebot - stellen Sie sicher, dass es interessant ist

2. Eine visuelle Komponente - stellen Sie sicher, dass sie verlockend
   oder interessant ist

3. Eine kurze Beschreibung - erklären Sie kurz die Vorteile, die die
   Nutzer erhalten, wenn sie ihre Kontaktdaten mit Ihnen teilen

4. Mitmachaktionen - wählen Sie eine kleine Mitmachaktion

Indem Sie Lead Gen Cards verwenden, gehen Sie nicht nur sicher,
dass Ihre möglichen Kandidaten die Werbe-Tweets sehen, Sie gewinnen auch gleichzeitig deren Kontaktdaten.

Kontrollieren Sie Ihre Leistungen, indem Sie Twitter Analytics verwenden

Wenn Sie Twitter dazu einsetzen, Ihr Unternehmen zu vermarkten, ist
es wichtig, zu ermitteln, welche Metriken von Bedeutung sind, und
eine Messplattform zu wählen.

Die Ziele für Ihr Unternehmen legen fest, was Sie messen müssen.
Dies hilft Ihnen, die Art von Analyseplattform herauszufinden, die
Sie nutzen sollten. Twitter nutzt seine eigene Analyseplattform, die
für Nutzer offen ist. Indem Sie Analysen verwenden, können Sie den
Wachstum, den Beschäftigungsgrad und die Qualität Ihrer Follower
verfolgen. Sie können zudem die Reichweite Ihrer Tweets, die Leis-

tung Ihrer Twitter-Cards und Werbe-Tweets und den Zulauf auf Ihrer Website durch Twitter messen.

Beachten Sie jedoch, dass nicht alle Plattformen für soziale Analysen gleich sind. Falls Sie Ihre Leistung auf Twitter mit der auf anderen sozialen Netzwerken vergleichen möchten oder mit Ihren Zielen und sehen, wie viele Kunden und Kontakte Sie generieren, können Sie verfügbare Instrumente für Social Media Management und Messungen nutzen.

Steigern und beschäftigen Sie Ihre Twitter-Follower

Ein stetiges Wachstum der Zahl Ihrer Follower auf Twitter ist ein guter Indikator dafür, dass Ihre Strategie funktioniert. Sie sollten jedoch nicht Ihre gesamten Anstrengungen dahingehend verwenden, neue Follower zu bekommen. Eine Million Twitter-Follower kann nutzlos sein, wenn nur 10 von ihnen regelmäßig mit Ihren Tweets interagieren. Sie sollten sich darauf konzentrieren, die richtigen Follower anzulocken - Menschen, die hochgradig relevant für Ihre Firma sind, die Ihnen dabei helfen können, die Reichweite Ihrer Tweets zu erhöhen. Verwandeln Sie Ihre Follower in Befürworter Ihrer Firma oder sogar in zahlende Kundschaft.

Neben den Strategien und Taktiken, um neue Follower zu erhalten, die Sie in diesem Kapitel gelernt haben, ist der beste Rat, den ich Ihnen geben kann, geduldig zu sein und an Ihren Plänen festzuhalten. Sie können nicht innerhalb von ein paar Tagen Millionen von Followern gewinnen. Wie auch bei anderen sozialen Plattformen führt Ihr Erfolg sowohl auf Ihr Engagement als auch auf Ihre Risikobereitschaft und Flexibilität im Umgang mit neuen Strategien, und was Sie aus Ihren Kampagnen lernen, zurück.

Wie posten Sie Tweets, die einfach Aufmerksamkeit erregen und den Beschäftigungsgrad erhöhen

Beachten Sie, dass Twitter eine schnelllebige Social Media Plattform ist. Ihre Tweets sollten jedoch regelmäßig und attraktiv sein, sodass Ihre Follower dazu ermutigt werden, sie zu teilen und mit Ihnen zu interagieren. Dies erhöht Ihre Chance, neue Follower zu gewinnen.

Es ist erforderlich, dass Sie bereits eine neue Inhaltsstrategie fertiggestellt haben. Sie müssen Ihr Twitter-Profil aus den Augen eines Kandidaten sehen. Welche Art von Inhalt würde Sie dazu bewegen, den „Follow"-Knopf zu drücken? Natürlich sind Werbe-Posts eindeutig Verkaufsmaschen, die Sie nicht dazu bewegen werden, ihnen zu folgen. Beachten Sie, dass viele Twitter-User diese Plattform nutzen, um unterhalten oder gebildet zu werden, oder mit Menschen Kontakt aufzunehmen, die ähnliche Interessen haben.

Verwenden Sie jeden Tag 10 Minuten dazu, den Konversationen unter Ihren Followern zu folgen und einzusteigen, falls Sie dem Forum etwas Interessantes hinzuzufügen haben. Ihre Inhaltsstrategie sollte sein, Nutzen und nicht sinnlosen Müll zum Twitterverlauf Ihres Publikums hinzuzufügen.

Stellen Sie sicher, dass Sie Inhalte teilen, die relevant und nützlich sind, aber dennoch das Interesse Ihrer Zielkundschaft wecken. Wie kann Ihr Unternehmen das Leben Ihrer Follower verbessern? Heben Sie dieses Konzept hervor und nutzen Sie es, um Inhalte für Twitter zu entwickeln.

Vordenkerschaft und angestrebter Inhalt sind zwei Arten von Content, die Ihren momentanen und zukünftigen Followern Nutzen bringen können:

Vordenkerschaft

In Branchen wie Hochschulwesen, Immobilien und Finanzdienstleistungen als vertrauenswürdig und zuverlässig angesehen zu werden, ist ein wichtiger Erfolgsfaktor. Es erfordert Zeit und Anstrengungen, um das Vertrauen der Twitter-Follower, die für Ihre Branche relevant sind, zu gewinnen. Studien zufolge können Tweets, die dabei helfen, das

Leben der Menschen zu verbessern, exemplarische Fachkompetenz zeigen und gängige Sichtweisen widerlegen, dabei helfen, neue Follower anzulocken, die über Twitter nach Beratung suchen.

Eine persönliche Finanzagentur kann Twitter zum Beispiel dazu einsetzen, nützliche Inhalte und Einblicke zur Verfügung zu stellen, die die finanzielle Stabilität ihrer Follower verbessern können. Genauso könnten Sie Inhalte erstellen, die die Ängste Ihrer Follower ansprechen, oder die allgemeinen Probleme, die sie durchmachen, lösen können.

Angestrebter Inhalt

Sie können Inhalte teilen, die einen erstrebenswerten Lebensstil beschreiben und Ratschläge und Anleitungen, um Erfolg zu haben. Gute Beispiele von angestrebtem Inhalt sind Stilberatung, Tipps zum Selbermachen, Rezepte und viele mehr.

Online-Kleiderläden können ihre Produkte zum Beispiel neben Stil-Leitfäden von seriösen Stilisten auf Twitter präsentieren. Während sie die verfügbaren Produkte vorstellen, kann diese Praktik auch das Ansehen der Firma steigern, indem die Firma als Quelle des Expertenleitfadens gesehen wird.

Nutzen Sie Bilder in Ihrem Tweet

Basierend auf einer Studie, die Twitter selbst durchgeführt hat, können Tweets mit Bildern 313% mehr Nachfrage erhalten als solche ohne Bilder. Natürlich führt eine höhere Nachfrage zu einer größeren Reichweite, was eine gute Möglichkeit ist, um neue Follower anzulocken.

Wenn Sie Bilder verwenden, ist es sinnvoll, diese direkt auf Twitter hochzuladen. Dies können Sie durch pic.twitter vornehmen, das automatisch auf Ihrer Timeline aufgeht. Wenn Sie einen Link zu einem Bild oder zu Instagram posten, wird dieses als Text-Link dargestellt, was weniger verlockend und beschäftigend ist. Stattdessen können Sie

Apps von Dritten, wie Buffer oder Hoot Suite verwenden, um Ihre Posts auf Twitter und anderen Profilen Ihres Unternehmens in sozialen Medien zu planen.

KAPITEL 4 -
MARKETINGSTRATEGIEN FÜR
SNAPCHAT

Wenn Sie die sozialen Medien erst seit kurzem für Ihr Unternehmen nutzen, werden Sie sich noch immer über SnapChat wundern. Es gibt keinen Grund zur Angst. SnapChat ist nicht für jedermann, daher ist es auch nicht als das nächste Große in der Welt der sozialen Medien angedacht. Das bedeutet jedoch nicht, dass Sie diese mobile soziale App nicht nutzen können, vor allem, wenn Sie Ihr Unternehmen kreativ vermarkten wollen.

Was ist SnapChat?

SnapChat ist eine mobile Foto-Nachrichtenapp, die es Ihnen ermöglicht, „Snaps" (Fotos oder Videos) zu machen und diese an andere SnapChat User zu senden. Der Nutzer kann diesen Snap nur für 10 Sekunden oder kürzer sehen. Nach diesem Zeitraum wird SnapChat ihn für immer löschen. Es wird kein digitaler Fußabdruck gespeichert.

Möchten Sie eine kurze Nachricht durchschicken, dass Sie gleich zuhause sind, aber den Speicherplatz Ihrer Mutter nicht belasten? Dann können Sie einfach einen Snap verschicken. Nach dem aktuellen Update erlaubt SnapChat es seinen Nutzern nun, miteinander zu chatten, Live-Nachrichten zu verschicken und Videoanrufe zu tätigen.

Falls Sie darüber nachdenken, SnapChat für Ihr Unternehmen einzusetzen, jedoch handfeste Zahlen benötigen, um Ihren Plan abzusichern, könnten diese Zahlen hilfreich sein:

- Die Anzahl der SnapChat Nutzer in den USA beträgt ungefähr 26 Millionen

- 77% der Collegestudenten nutzen SnapChat täglich

- 70% der SnapChat Nutzer sind weiblich

- 58% der Collegestudenten sind geneigt, ein Produkt oder eine Dienstleistung zu kaufen, wenn sie Werbeangebote über Snap-Chat erhalten

Können Sie SnapChat dazu verwenden, Ihr Unternehmen zu vermarkten?

SnapChat ist sicherlich nicht die bekannteste neue soziale App für Online-Vermarkter. Sie können jedoch trotzdem damit experimentieren. In den meisten Fällen können die, die experimentieren, die besten Erfahrungen sammeln. Mit etwas Kreativität können Sie SnapChat als vorteilhaft für Ihr Unternehmen ansehen.

Ein gutes Beispiel dafür ist die Vermarktung von 16Handles, einem Frozen-Yogurt-Laden in Neu England. In ihrer Snappy-Neujahrskampagne haben sie ihre Fans dazu ermuntert, ein Foto, auf dem sie ihren Joghurt essen, zu snappen und es an die offizielle Seite von 16Handles zu schicken. Anschließend verschickte der Account zu einem bestimmten Zeitpunkt einen Snap mit einem personalisierten Gutschein.

Die Kampagne von 16Handles war sehr kreativ. Wie Sie bereits wissen, existieren Snaps nur für 10 Sekunden, sobald sie geöffnet wurden. Die Nutzer mussten nun gespannt warten, bis sie ihren nächsten Frozen Yoghurt in einem der Läden hatten, nicht wissend, wie viel der Gutschein wert war. Die gesamte Spanne von 10% bis 100% war möglich. Die Kunden wussten lediglich, dass sie einen gewissen Rabatt erhalten würden. Sie mussten jedoch noch immer den SnapChat öffnen, um zu erfahren, in welcher Höhe. Dies war eine innovative Marketingkampagne, um zu wiederholten Besuchen anzuregen und den Kunden gleichzeitig seine Wertschätzung zu übermitteln.

Marketingvorschläge für SnapChat

Falls Sie noch immer nicht weiter wissen, sind hier einige Möglichkeiten, wie Sie SnapChat für Ihr Unternehmen nutzen können. Sie sollten jedoch akzeptieren, dass, falls dieses Instrument nicht funktioniert, es nicht funktioniert.

Beim Nutzen von neuen sozialen Medienkanälen, wie SnapChat, sollten Sie am Entwickeln von schnellen und kostengünstigen Experimenten arbeiten. Wenn die Kosten für ein solches Experiment minimal sind, ist ein Fehlschlag nicht schlimm. Falls es Anzeichen dafür gibt, dass Sie dieses soziale Netzwerk für Ihr Unternehmen nutzen sollten, können Sie mehr Ressourcen aufwenden, um zu prüfen, ob Sie dies in etwas Großes verwandeln können.

1. Bieten Sie einen kurzen Einblick in Ihre neuen Produkte

Stehen Sie kurz davor, eine neue Produktlinie oder neue Dienstleistungen anzubieten, die Ihre Kunden wirklich begeistern werden? Stacheln Sie ihre Aufregung an, indem Sie ihnen einen 10-sekündigen Einblick gewähren. Es kann Ihrer Einführung mehr Aufmerksamkeit verleihen, wenn die potenziellen Kunden mehr Zeit haben, über Ihr Produkt nachzudenken oder sogar Informationen um das neue Produkt herum zu sammeln.

2. Geben Sie einen Einblick hinter die Kulissen

Arbeiten Sie an einem neuen Werbe-Video? Bieten Sie Ihren Fans einen kurzen Einblick darüber, was kommen wird, oder zumindest einen kurzen Blick, wie Sie hinter den Kulissen arbeiten. Sie können auch eine Film-Serie von Einblicken hinter der Kulisse erstellen und dabei das Publikum bitten, zu raten, um was es sich handelt. Dabei können Sie auch andere soziale Medien (wie Twitter oder Facebook) verwenden. Sie können Ihre Snaps dann mit Hilfe eines Hashtags aneinanderkoppeln, um zu sehen, wie viele der Fans tatsächlich mit dem Inhalt verbunden sind.

3. Bieten Sie einen personalisierten Gutschein

Ähnlich wie auch die Firma 16Handles weiter oben können auch Sie Ihren Kunden einen personalisierten Gutschein schicken, den sie beim Zahlen einlösen können. Somit bringen Sie sie auf Ihren Online-Shop, wo sie stöbern können, immer mit der Gespanntheit, wie hoch der Gutschein ausfallen wird. Stellen Sie jedoch sicher, richtige Rabatte zu verwenden. Während bereits 5% Rabatt okay sind, kann eine „Niete" enttäuschend sein.

4. Treten Sie mit Ihren Event-Teilnehmern durch exklusive Snaps in Verbindung

Falls Sie ein Event sponsern, ein Web-Seminar abhalten oder eine exklusive Party geben, können Sie SnapChat dazu verwenden, Ihren Teilnehmern Insider-Informationen zukommen zu lassen, an die sie anderweitig nicht gelangen würden. Wenn Sie zum Beispiel ein Event sponsern, können Sie Ihre mobile App benutzen, um Informationen in Echtzeit weiterzugeben. Ihre Kunden können so das Gefühl bekommen, VIPs zu sein.

KAPITEL 5 -
MARKETINGSTRATEGIEN FÜR
LINKEDIN

Mit mehr als 200 Millionen Nutzern weltweit, ungefähr drei Millionen registrierten Firmen mit LinkedIn-Seiten und einem Zuwachs von zwei Fachleuten pro Sekunde wird LinkedIn als globale Handelskammer angesehen. Es ist unumgänglich, LinkedIn in Ihre Marketingkampagnen mit einzubeziehen.

Mit einer Unternehmensseite auf LinkedIn kann Ihre Firma die Beziehung zu Kunden, die auch auf LinkedIn sind, effektiver pflegen. Mit Hilfe dieses sozialen Netzwerks, das auf relevante Inhalte fokussiert ist, kann die Unternehmensseite mit vielen Möglichkeiten des effektiven Marketings Geschäfte tätigen.

Durch den Zufluss und die Anzahl an Mitgliedern deckt LinkedIn eine gute Bandbreite für Ihr Marketing ab. Sie können Menschen finden, die mit einer bestimmten Firma in Kontakt stehen oder auch die verschiedenen Arten von Unternehmen, mit welchen der Kandidat in der Vergangenheit gearbeitet hat. Falls Sie mit wichtigen Größen in Ihrer Branche Kontakt aufnehmen und mehr Kontakte für Ihre Firma sammeln möchten, ist dies ein Kinderspiel, wenn Sie LinkedIn zu Ihrer Social Media Strategie hinzufügen.

In diesem Kapitel werden Sie die Grundlagen zur Nutzung von LinkedIn für Ihr Unternehmen erlernen.

Warum sollten Sie eine LinkedIn Firmenseite für Ihr Social Media Marketing verwenden?

Im Folgenden sehen Sie vier Gründe, warum Sie LinkedIn nutzen sollten, um Ihr Geschäft zu vermarkten.

1. Erweitern Sie Ihre Reichweite

Ohne selbst zu große Anstrengungen in den Aufbau Ihrer Firma bei LinkedIn aufzubringen, besteht eine gute Chance, dass Ihre Arbeitnehmer bereits ihre privaten Profile aktualisiert und den Namen Ihrer Firma als Arbeitgeber genannt haben.

Viele Nutzer finden Ihre Firma online, indem sie durch LinkedIn browsen. Unternehmenseinblicke können im Hinblick auf die Informationen, die Sie bereitgestellt haben, gewonnen werden. Sie können die Vorteile nutzen, die sich dadurch bieten, dass Ihre Angestellten Ihre Firma bewerben.

Indem Sie auf die Firma klicken, in der eine bestimmte Person arbeitet, kommen Sie direkt auf die Unternehmensseite. Sie können auch einfach mit dem Mauszeiger über das Symbol fahren, um einen kurzen Einblick in die Informationen über die Firma zu erhalten. LinkedIn bezieht diese Informationen aus dem „Über uns"-Bereich auf Ihrer Seite. Stellen Sie daher sicher, dass Sie diese Details hinzufügen, wenn Sie die Seite erstellen.

2. Steigern Sie Marken- und Produktbekanntheit

LinkedIn-Unternehmensseiten haben einen Bereich, in dem Sie über spezielle Produkte diskutieren können. Auch auf Ihrer Facebook-Unternehmensseite können Sie Ihre Produktpalette vorstellen, um zu sehen, was bei Ihren Freunden gut ankommt. LinkedIn kann das Gebiet jedoch weiter einschränken und es erlaubt Ihnen, mehrere Produkte inklusive Beschreibung und Bildern einzufügen, sodass jedes einzelne heraussticht.

Mit dieser Eigenschaft können Kandidaten mehr über Ihre Produkte und Dienstleistungen erfahren und sie können sehen, wie viele Nutzer Sie empfehlen. Diese Stufe des Produktbewusstseins ist schwer zu erreichen, und das Beste ist, dass Sie sie über LinkedIn messen können.

3. Die Suche auf LinkedIn ist optimiert

In den Suchergebnissen können Jobs genauso bei LinkedIn wie auf Twitter auftauchen. Indem Sie Ihre eigene Unternehmensseite bei LinkedIn aufbauen, können Sie Ihre Online-Sichtbarkeit bedeutend erhöhen. Auch für sich alleine gestellt ist LinkedIn eine mächtige Suchmaschine, falls Sie nach Jobs oder Firmen zum Arbeiten suchen. Daher könnten Sie die Möglichkeit verpassen, mit Kontakten, Kandidaten oder potenziellen Kunden in Verbindung zu treten, wenn Sie noch nicht auf LinkedIn sind.

4. LinkedIn kann Ihnen dabei helfen, mehr Kontakte zu generieren

Sie können LinkedIn auch dazu verwenden, an Kontakte zu kommen. Unternehmens-Updates ermöglichen es Ihnen, Ihre Inhalte zu verlinken, was dann wissenshungrige Kontakte auf Ihre Seite bringt, die nach nützlichen Quellen suchen. Zudem bietet die Produktseite auf LinkedIn die Möglichkeit zu Mitmachaktionen.

Grundlagen der LinkedIn-Unternehmensseiten

Beim Vermarkten Ihres Unternehmens bietet die LinkedIn-Unternehmensseite eine gute Möglichkeit, um Ihre Produkte und Dienstleistungen zu präsentieren, die Geschichte hinter Ihrer Firma zu erzählen, Kontakte herzustellen, Kontakt zu Ihrer Zielgruppe aufzubauen und Karrieremöglichkeiten aufzuzeigen.

Für Ihr Zielpublikum sind die LinkedIn-Unternehmensseiten auf der anderen Seite eine gute Möglichkeit, um nach Produkten oder Dienstleistungen zu suchen und mehr über Karrieremöglichkeiten, Updates in der Branche und Firmenneuigkeiten zu erfahren.

Lassen Sie uns nun die Elemente der LinkedIn-Unternehmensseite betrachten. Auf der LinkedIn-Unternehmensseite finden Sie Folgendes:

- Start

- Karriere

- Serviceleistungen

- Follower-Statistik

- Seitenstatistik

- Einblicke

Wir werden diese nacheinander besprechen.

Die Übersichtsseite ist eine wichtige Komponente auf LinkedIn, da sie einen guten ersten Eindruck vermitteln kann. Wie ist der Name Ihrer Firma? Warum ist Ihre Firma von Bedeutung? Wer gründete Ihre Firma zu welchem Zeitpunkt?

Neben dem „Über uns"-Teil beinhaltet diese Seite außerdem Neuanstellungen, Stellenausschreibungen und Firmenupdates. Hier kann Ihre Firma Ihrer Zielgruppe wichtige Neuerungen mitteilen.

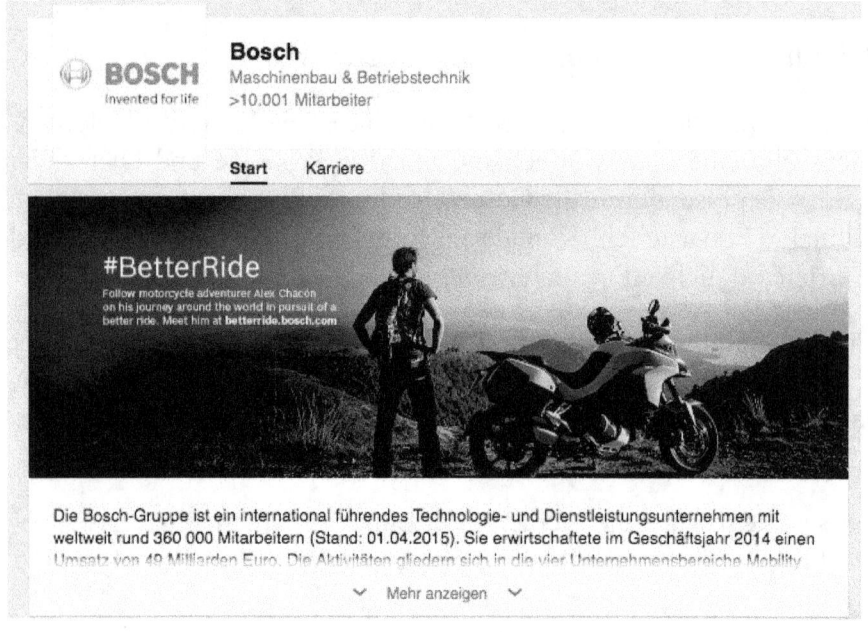

Das Titelbild

Das Titelbild ist das Erste, was der Besucher sieht, wenn er Ihre Seite besucht. Sie können das Titelbild dazu nutzen, um wichtige bevorstehende Firmenneuerungen, wie zum Beispiel eine bevorstehende Konferenz, zu teilen. Sehen Sie sich das Titelbild auf der Siemens LinkedIn-Unternehmensseite an.

Firmenneuerungen

Wenn Sie sich als Administrator auf Ihrer Unternehmensseite einloggen, werden Sie ein Feld entdecken, in das Sie Neuerungen schreiben können. Die Leute werden diese Beiträge im Bereich für aktuelle Updates sehen, das dient somit als Möglichkeit für die Firma, wichtige Nachrichten an Ihr Publikum zu übermitteln. Der Inhalt ist mit der Website verbunden, sodass es Ihnen helfen kann, neue Kontakte aufzubauen und Ihr Unternehmen zu erweitern.

Sie sollten versuchen, Ihre Neuerungen zielgenau auf eine bestimmte Personengruppe bezüglich Branche, Dienstalter, Firmengröße, Funktion und geografischem Standort zu richten.

Es ist auch möglich, einen Link zu Ihren Beiträgen hinzuzufügen. Wenn Sie einen Teil des Inhalts oder einen Artikel einfügen möchten, können Sie einen Link in das Feld setzen und auf die Vorschau warten. Sobald die Vorschau auftaucht, können Sie den Link wieder herauslöschen und Ihre Kommentare einsetzen.

Sie können auch ein Foto hinzufügen. Diese Möglichkeit finden Sie bei den Auswahlmöglichkeiten zur Zielgruppe. Wenn Sie dieses Kästchen nicht anklicken, wird das Vorschaubild des Links verschwinden, sobald Sie die Neuerung teilen.

LinkedIn bietet auch Metriken für Ihre Beiträge. Exakt 24 Stunden, nachdem Sie einen Beitrag geteilt haben, werden Sie mehrere Metriken in grauer Schrift sehen. Sie zeigen die Anzahl an Klicks und Aufrufen und den Beschäftigungsgrad. Die Metriken finden sich auf der linken unteren Seite unter der Bildvorschau.

Ähnlich wie bei Facebook und Twitter ist es das Beste, sich mit seinem Publikum zu beschäftigen. Stellen Sie sicher, dass die Konversation am Leben bleibt, indem Sie kommentieren und Neuerungen liken. LinkedIn hat seine Plattform dahingehend verbessert, dass Sie nun mit Ihrem Publikum interagieren können, indem Sie Ihren Firmennamen und Ihr Logo statt dem persönlichen LinkedIn Profil verwenden.

Über uns

LinkedIn hat eine faszinierende Titelbildkapazität. Als die Unternehmensseiten eingeführt wurden, gab es einen „Über uns"-Teil, der eine Firmenzusammenfassung dargestellt hat. Im Zuge der Umgestaltung wurde dieser Bereich jedoch an das Ende der Startseite unter die Firmen-Neuerungen gesetzt. Daher werden die Besucher, die Ihre Seite erkunden möchten, zuerst das Titelbild, die Updates und dann erst beim Hinunterscrollen weitere Informationen sehen. Daher müssen Sie sicherstellen, dass Ihr Titelbild verlockend ist.

Karriere

Dieser LinkedIn Bereich benötigt eine kostenpflichtige Mitgliedschaft. Die Karriereseite ist sehr wichtig, wenn Sie das Unternehmen sein möchten, für das jeder gerne arbeiten würde. Sie müssen Ihr Publikum dazu bringen, sowohl Ihre Unternehmenskultur zu verstehen als auch die Karrieremöglichkeiten, die Sie anbieten.

Auf der Karriereseite können Sie Ihre Auszeichnungen hervorheben, die Laufbahnen in Ihrem Unternehmen aufzeigen, Ihre besten Mitarbeiter präsentieren und Stellen ausschreiben, um so die richtigen Leute durch die automatische Karriereabgleichung auf Sie aufmerksam zu machen.

Mit Hilfe der Karriereseite können Sie Fachpersonal auf der ganzen Welt erreichen. Sie haben zudem durch Echtzeit-Analysen die Möglichkeit, herauszufinden, wer sich Ihre Stellenanzeigen angesehen hat.

Ermitteln Sie anhand einer Standardauswertung, wie gut sie zu Ihrer Ausschreibung passen, und erkunden Sie sie dann tiefergehend, indem Sie die Beziehungen des Kandidaten analysieren.

Serviceleistungen

Die Produktsektion ist ein guter Ort, um Empfehlungen zu bekommen, und zu präsentieren, was Ihre Firma verkauft. Diese Sektion ist vor allem deshalb wichtig, weil sie Rücklauf zu Ihren Produkten und Dienstleistungen erzeugt, der dann gegebenenfalls zu Verkäufen führt.

Einer Studie zufolge klicken fast 70% der Menschen auf Links, die von ihren Freunden und Familie geteilt wurden. Das ist der Grund hinter der Existenz von LinkedIn-Empfehlungen. LinkedIn Nutzer haben die Möglichkeit, die Empfehlungen sowohl von vertrauenswürdigen

Nutzern als auch von Ihren Kontakten zu sehen. Diese Möglichkeit bietet einen persönlicheren Bezug zu Ihren Produkten. Eine solche Bindung werden Sie durch eine Website nie erlangen.

Das Titelbild der Produktsektion ist ein guter Platz für eine Mitmachaktion. Indem Sie das Bild optimieren, können Sie das meiste aus der Seite herausholen. Daher ist es am besten, ein hochauflösendes Bild mit geringer Dateigröße zu verwenden, um die Ladezeit möglichst kurz zu halten.

Seitenstatistik

Die Seitenstatistik ermöglicht es Ihnen, sowohl den Seitenaufruf als auch einzelne Besucher auf allen Seiten für jeden Tab aufzuzeigen. Zudem können Sie die Anzahl der Klicks auf die Produkte und Dienstleistungen und die Anzahl der Nutzer sehen, die Ihrem Unternehmen folgen. Die Seitenstatistik kann Ihnen dabei helfen, die Demographie Ihrer Besucher zu verstehen und den Überblick darüber zu behalten, wie viel Besucheraufkommen Sie auf Ihre Webseite lenken möchten.

Sie gelangen über den Start-Tab auf diese Seite, indem Sie mit dem Mauszeiger über das Bearbeitungsmenü fahren und auf „Seitenstatistik anzeigen" klicken. Dort sehen Sie eine Übersicht über die Analysen, wie Demographie der Besucher, Seitenaufrufe, Klicks auf die Karriereseite und Klicks auf die Serviceleistungen.

Um die Metriken zu sondieren, können Sie auf die Berichte innerhalb der Übersicht klicken. In dem Bericht können Sie die Besucher nach Industrie, Dienstalter, Region, Funktion, Firmengröße und Mitarbeiterstatus eingrenzen.

Follower-Statistik

Die Sektion für Follower-Statistiken ermöglicht es Ihnen, die Nachfrage bei Firmenneuerungen, Seitenaufrufe der Firmenneuerung, Demographien Ihrer Follower und deren Fortschritt, was

Mitgliederwachstum, neue Follower und aktuelle Nutzer betrifft, zu ermitteln.

Wie auch der Seitenstatistik-Tab leitet Sie dieser direkt zu der Übersicht, die mit Metriken über die Nachfrage Ihrer Follower gefüllt ist. Diese Analyse-Sektion ermöglicht es Ihnen, Ihre Marketingkampagnen für die Unternehmensseite darzustellen.

Einblicke

Sie kennen nun Ihre Seitenbesucher und Follower ein wenig besser. Der nächste Schritt ist, mehr über das zu erfahren, was Ihre Firma am Laufen hält. Durch LinkedIn können Sie mehr über die Leute erfahren, die der Firma dabei helfen, ihre Ziele zu erreichen.

Durch diese Einblicke erfahren Sie ganz genau, wo die Kandidaten vorher beschäftigt waren, was ihre Fähigkeiten und Kenntnisse sind, und wo sie die besten Empfehlungen erhalten haben.

Fünf Schritte, um Ihre Firmenseite aufzubauen

Unter all den verschiedenen Social Media Plattformen, die Sie für Ihr Unternehmen verwenden können, ist die LinkedIn-Unternehmensseite diejenige, die Professionalität erfordert. Dieses Netzwerk verlangt einen geschäftlichen Ton, den Sie auch anschlagen sollten, um Ihre Firma effektiv zu repräsentieren. Mit Hilfe der folgenden Schritte können Sie das LinkedIn Profil für Ihr Unternehmen erstellen.

1. Fügen Sie Basisinformationen hinzu

Gehen Sie auf die Unternehmensseite und wählen Sie „Bearbeiten" auf der rechten Seite. Hier können Sie Basisinformationen über Ihre Firma eintragen. Stellen Sie sicher, dass Sie die Beschreibung spezifizieren, da dies wichtig sein wird, um Ihr Unternehmen zu verstehen. Vergessen Sie nicht, Folgendes mit anzugeben: Größe, Branche, Link zur Webseite, Betriebsstatus, Standort und Gründungsjahr.

Der nächste Schritt ist, die Seite mit Ihren Seiten-Administratoren zu verknüpfen. Sie können mehrere Administratoren wählen, um die Seite zu verwalten, dabei ist es jedoch wichtig, zuerst einen LinkedIn-Account zu haben. Anschließend können Sie die Bilder für Ihr Titelbild und das Logo hinzufügen.

Sie sollten außerdem eine kurze Beschreibung über Ihre Firma einbauen, die aufzeigt, was Ihre Firma macht. Anschließend fügen Sie die suchbaren Keywords hinzu, um die Suchfunktion auf LinkedIn so zu optimieren.

2. Veröffentlichen Sie regelmäßig Updates

Wenn Sie momentan Facebook verwenden, um Ihr Unternehmen zu vermarkten, werden Sie feststellen, dass das Posten von Updates bei LinkedIn das Gleiche ist. Die Unternehmensseite hat keine Begrenzung, was die Anzahl an neuen Stellenangeboten oder Updates angeht. Sie können auch Ihre Web-Seminare, E-Books oder neuen Blogbeiträge auf LinkedIn bewerben. Die Seite muss immer auch Themen beinhalten, die von großem Interesse oder Nutzen für Ihr Publikum sind.

Neben den klassischen Inhalten könnten Sie auch Stellenangebote in der zweiten Spalte der Unternehmensseite (Karriere) teilen.

3. Nehmen Sie Produkte und Dienstleistungen mit auf

Gehen Sie auf der Unternehmensseite zu der Kategorie „Produkte" und wählen Sie „Bearbeiten" aus, um zum Drop-Down-Menü zu gelangen, das je nach Kategorie unterschiedlich ist. Hier haben Sie die Option, das Produkt oder die Dienstleistung hinzuzufügen. Sie müssen einfach dem Ablauf folgen, wobei Sie wichtige Details über Ihre Produkte und Dienstleistungen hinzufügen.

Den folgenden Schritten müssen Sie folgen:

* Wählen Sie zwischen Produkt und Dienstleistung

* Wählen Sie eine Kategorie, die zu Ihrem Produkt oder Ihrer Dienstleistung passt

* Es ist ein Leichtes, mehrere Produkte und Dienstleistungen hinzuzufügen. Wählen Sie zuerst aus einer Zufallsliste oder suchen Sie sich von Ihren Produkten die aus, die für Ihre Firma am besten sind.

* Fügen Sie ein Bild Ihres Produkts oder Ihrer Dienstleistung hinzu. Die Beschreibung sollte das ausdrücken, was Sie Ihren Nutzern an Informationen zu Ihren Produkten zukommen lassen möchten. Betonen Sie auch, was Ihr Produkt oder Ihre Dienstleistung einzigartig macht. Fügen Sie auf jeden Fall Details hinzu, geben Sie dem Ganzen aber eine persönliche Note.

* Listen Sie die Haupteigenschaften Ihres Produkts oder Ihrer Dienstleistung auf. Die Abschnittsliste kann dazu genutzt werden, die Eigenschaften aufzuführen, oder Beispiele Ihrer Produkte oder Dienstleistungen hervorzuheben. An dieser Stelle können Sie auch Garantien einfügen.

* Fügen Sie Links zu den Produkten oder Dienstleistungen hinzu. Sie können diesen Abschnitt dazu verwenden, eine Verbindung zu einer speziellen Seite auf Ihrer Webseite herzustellen, wo die Kunden mehr über dieses Produkt oder die Dienstleistung erfahren können.

* Fügen Sie auch einen persönlichen Kontakt zu Ihrer Firma hinzu, falls ein Nutzer mehr über die Produkte oder Dienstleistungen erfahren möchte. Beginnen Sie damit, die Namen der Kontaktpersonen einzugeben. Sie sollten einen

Link zu ihren LinkedIn Profilen haben, um ihn hinzuzufügen.

- Falls Sie ein YouTube-Video über Ihr Produkt oder Ihre Dienstleistung haben, können Sie es hier hinzufügen. Nehmen Sie für Ihr Video einen ausgefallenen Titel.

- Veröffentlichen Sie es! Nachdem Sie alle Informationen eingegeben haben, müssen Sie nur noch den Knopf auf der rechten oberen Seite anklicken, um das alles zu veröffentlichen.

4. Änderungen Ihrer Produkte und Dienstleistungen hinzufügen

Sobald Sie auf die Produktseite gehen, um Ihr veröffentlichtes Werk zu betrachten, gehen Sie zum Haupt-Produkte-Tab und klicken Sie auf „Bearbeiten". An dieser Stelle sollten Sie die Bearbeitungsseite jedoch aus dem Drop-Down-Menü auswählen.

Sie sollten mehrere Variationen der Produktseite erstellen. LinkedIn kann die Produktseite auf mehreren unterschiedlichen Marktsegmenten zur Verfügung stellen. Sie können mehrere Versionen der Seite erstellen, die unterschiedliche Zielgruppen basierend auf deren Profilen ansprechen. Sie können zum Beispiel eine Version erstellen, die auf Ihre Interessenten in Kalifornien zugeschnitten ist, und eine andere für die in Florida.

Sobald Sie eine Standardversion erstellt haben, können Sie verschiedene Ausführungen anfertigen, indem Sie neue Zielgruppen hinzufügen. Benennen Sie die Zielgruppe, wählen Sie die Zielprofile aus und speichern Sie die Änderungen zur gewählten Seite.

Wichtig ist, zu beschreiben, was Ihre Firma anbietet. Fügen Sie einen kreativen Titel, eine übersichtliche Beschreibung Ihres Unternehmens, Ihre Produkte und Dienstleistungen hinzu. Es besteht auch die Möglichkeit, das Logo aus der Übersichtsseite zu entfernen.

Sie können weiteren Rücklauf zu Ihrer Webseite generieren, indem Sie Links einfügen, auf die die Nutzer gelangen, wenn Sie auf eins der Bilder klicken. Sie können bis zu drei Bilder und Links einsetzen. LinkedIn baut auf Ihrer Seite automatisch eine rotierende Scheinwerferfunktion ein. Es ist am besten, den Link in bit.ly einzufügen, so kann die Anzahl der Aufrufe angezeigt werden. Der Link, den Sie in das bit.ly kopieren, muss ein Trackingkürzel aufweisen, so können die Kontakte ganz einfach mit Hilfe der Analysefunktion gemessen werden.

5. Werben Sie mit Hilfe von LinkedIn-Anzeigen

Anzeigen auf LinkedIn ermöglichen es Ihnen, Ihre Unternehmensseite mit Hilfe einer Anzeigenkampagne zu bewerben. Diese Funktion ist in vier Basisschritte unterteilt, durch die Sie LinkedIn führt. Ein Feld mit den häufigsten Fragen taucht auf der rechten Seite auf, so ist es für Sie ein Leichtes, zu verstehen, wie diese Funktion arbeitet.

Mit Hilfe der LinkedIn-Anzeigenkampagne können Sie ohne weiteres Ihre Firma bewerben, während Sie versuchen, Social Media Anstrengungen auf Ihrer Unternehmensplattform aufzubauen und zu integrieren.

Führen Sie Ihre LinkedIn-Unternehmensseite

An diesem Punkt angelangt, sollten Sie bereits Ihre eigene Unternehmensseite besitzen. Der nächste Schritt ist es, die Seite aufrecht zu erhalten. Nachdem Sie die Seite erstellt haben, ist die Aufrechterhaltung einfach. Es ist anders als bei Twitter, wo Sie regelmäßige Updates veröffentlichen und mehrere Ströme aufbauen müssen, um einen Überblick und eine

Aufrechterhaltung der Konversation behalten zu können. Ein Beitrag pro Tag ist auf LinkedIn genug.

Tatsache ist, dass mehr als drei Beiträge pro Tag bereits zu viel sind. Konzentrieren Sie sich lieber darauf, hochwertige Inhalte zu verbreiten, die Ihrer Zielgruppe von Nutzen sein können. Wenn Sie Inhalte teilen, die Ihrer Zielgruppe über die normalen Probleme hilft, dann sind sie gefesselter und anerkennender als 10 nutzlosen und langweiligen Beiträgen gegenüber.

KAPITEL 6 -
MARKETINGSTRATEGIEN FÜR
INSTAGRAM

Wenn Sie Ihr Unternehmen online und mit Hilfe von sozialen Medien bewerben, besteht eine große Chance, dass Sie bereits eine eindrucksvolle soziale Präsenz aufgebaut haben, um Kontakte zu knüpfen, nützliche Inhalte anzupreisen und Ihre Kunden kontinuierlich durch soziale Netzwerke zu erfreuen, so wie wir es in diesem Buch bereits angesprochen haben.

Der nächste Schritt ist, dies über Instagram zu probieren. Mit ungefähr 400 Millionen Nutzern und mehr als 800 Millionen Beiträgen jeden Tag ist es nun unumgänglich, Instagram in Ihre Bemühungen in den sozialen Medien mit einzubeziehen.

Es ist wichtig, das weitreichende Instagram auf die für Ihre Firma richtige Art zu erkunden. Daher habe ich dieses Kapitel hinzugefügt, um Ihnen zu helfen, Instagram aufzusetzen, zu vergrößern und zu optimieren. Diese großartige Social Media Plattform kann Ihnen helfen, mehr Publikum zu fesseln, Kontakte zu knüpfen, Kontakte in Kunden zu verwandeln und Ihre Firma stetig auszubauen.

Definieren Sie Ihre Ziele für die Nutzung von Instagram für Ihr Unternehmen Beachten Sie, dass egal, welche Social Media Plattform Sie verwenden, der erste Schritt immer das Setzen der Ziele ist. Hier finden Sie einige Beispiele von Zielen, die Sie mit einem

Unternehmenskonto auf LinkedIn erreichen können:

- Mögen Sie es, Ihre Kunden im Fokus zu sehen? Vielleicht führen Sie einen Onlinehandel und möchten Instagram als Onlineplattform nutzen, um sowohl Ihre besonderen Deals hervorzuheben als auch gutes Kunden-Feedback zu teilen.

- Werden Sie Instagram dazu nutzen, Ihre Unternehmenskultur zu verbreiten? Viele Firmen verwenden Instagram für ihre Kampagnen zur Steigerung der Markenbekanntheit, da es ein guter Platz ist, um zu verbreiten, worum es in ihrem Unternehmen geht.

- Werden Sie Instagram als Bestandteil Ihrer Kampagne verwenden, um Kontakte herzustellen? Dann müssen Sie beachten, dass die User Instagram meist auf ihrem Smartphone verwenden.

- Vielleicht sind Sie momentan auch nur daran interessiert, Follower zu bekommen und möchten Ihre Strategie später ausformulieren.

Legen Sie Ihre Metriken dar

Anders als andere Social Media Kanäle hat Instagram eingeschränkte natürliche Analysen. Das bedeutet, dass Sie Ihre Analysen nicht innerhalb der App einsehen können. Um die Analysen zu sehen, benötigen Sie Apps von Dritten, wie Iconsquare, die helfen können, den Erfolg Ihrer Instagramkampagne, das Wachstum über die Zeit, die Abwanderungsquote von Followern und den Erfolg Ihrer Hashtags zu messen.

Es ist einfacher, Instagram für Ihr Unternehmen zu nutzen, wenn Sie mit richtigen Daten arbeiten. Indem Sie einen Social Media Kalender einsetzen, wird es Ihnen leichtfallen, einem Plan entsprechend der besten Tageszeiten zu folgen. Das Beste ist, die Zahl der Follower, die Sie pro Tag, Woche oder Monat gewinnen, im Auge zu behalten. Diese Metriken festzulegen, bevor Sie beginnen, und die Konzentration auf Ihre Strategie kann Ihnen sowohl helfen, den Erfolg zu messen, als auch Ihre Kapazität dahingehend zu ermitteln, die besten Praktiken zu verfolgen und ineffektive zu vermeiden.

Ermitteln Sie den Nutzen von Instagram für Ihr Unternehmen

In den meisten Fällen ist es schwierig, den Wert der sozialen Medien festzulegen, da diese von Natur aus immateriell sind. Anders als ein Web-Seminar oder ein E-Book, mit dem Sie hunderte oder gar tausende neue Kontakte und neue Kunden generieren, die Sie Ihrem Management einfach präsentieren können, zielt Instagram auf den menschlichen Aspekt Ihres Unternehmens. Instagram macht Ihr Unternehmen menschlicher.

Während LinkedIn, Facebook und Twitter dazu da sind, Inhalte zu teilen und zu netzwerken, ist Instagram der Kanal, auf dem Sie die menschliche Seite Ihres Unternehmens zeigen können. Indem Sie die großartigen Menschen hinter dem Unternehmen, die Arbeitsplatz-Events, die Sie begeistern, und die kleinen Dinge, die Teil Ihrer Firma sind, darstellen, gewähren Sie einen Einblick in Ihre Firma, der persönlicher, einladender und freundlicher ist.

Die Bedeutsamkeit des menschlichen Faktors Ihrer Firma

Ihre Firma zu vermenschlichen ist wichtig für Ihre Unternehmenskultur und das Recruitment. Um die 30% der heutigen Nutzer von Instagram sind Teenager, die bald die Schule beenden werden und anfangen, nach Arbeit zu suchen. Diese spezifischen Demographien betrachten Instagram als wichtiges soziales Netzwerk.

Zudem ist Instagram dadurch wichtig, dass es die letzte Stufe auf der Reise des Käufers abbildet, und das ist die Begeisterung. Nachdem Sie Kontakte angelockt, Kunden gewonnen und Ihre Zielgruppe erweitert haben, ist es nun wichtig, Ihrer Zielgruppe eine Gemeinschaft zu bieten, zu der sie gehören kann.

Folgen Sie Marken-Richtlinien

Genau wie beim Verwenden von anderen Social Media Plattformen ist es wichtig, Ihrer Marke treu zu bleiben, wenn Sie auf Instagram arbeiten. Wenn Ihr Unternehmen visuelle Gestaltungsrichtlinien verwendet, stellen Sie sicher, dass Ihre Beiträge auf Instagram Ihre Firma wirklichkeitsgetreu abbilden und den Richtlinien folgen. Teilt Ihr Unternehmen zum Beispiel nur Bilder mit einem bestimmten Farbschema auf Facebook und Twitter? Sollten alle Ihre Bilder das Logo der Firma beinhalten? Kontaktieren Sie zuerst Ihr Marken- oder PR-Team, bevor Sie etwas in den sozialen Medien veröffentlichen.

Hier finden Sie einige Tipps, um Ihre Beiträge auf Instagram zu optimieren:

- Nutzen Sie am besten hochauflösende Bilder für Grafiken oder Texthintergründe. Das ist eine gute Methode, das Aussehen und Gefühl Ihrer Firma zu zeigen.

- Folgen Sie der „Drittel-Regel". Entsprechend der „Drittel-Regel" ist ein Bild ansprechender, wenn sich die Gegenstände innerhalb der imaginären Linien befinden, die das Bild in Drittel unterteilt - horizontal und vertikal. In dieser wohlbekannten Regel der Fotografie geht es darum, die geeigneten ästhetischen Elemente zu erfassen. Es ermöglicht Ihnen zudem, eine Art von Gleichgewicht herzustellen, ohne es zu statisch wirken zu lassen, und eine Raffinesse, ohne das Bild zu überladen.

- Machen Sie umwerfende Fotos. Nur ein paar wenige Glückliche haben die Fähigkeit, großartige Momente in einem Bild zu erfassen. Viele Online-Tutorials werden Ihnen dabei helfen, großartige Bilder zu schießen, selbst mit Ihrem Smartphone.

- Folgen Sie den Regeln der Typographie. Wenn Sie Texte zu Ihren Bildern hinzufügen, sollten Sie die grafischen Design-Regeln der Typographie beachten. Sie sollten zudem lernen, wie unterschiedliche Schriftarten Ihr Publikum anlocken, und wie Sie spektakuläre Designs entwickeln können.

Lernen Sie, wie man Instagram-Beiträge plant

Eine Social Media Vorlage ist unumgänglich, egal mit welcher Social Media Plattform man arbeitet. Sie sollten einen geplanten Rhythmus und spezielle Tageszeiten einfügen, zu denen Sie Beiträge veröffentlichen möchten.

Bezüglich der Tageszeit ist es das Beste, damit zu beginnen, mehrere Beiträge zu unterschiedlichen Uhrzeiten zu veröffentlichen, um herauszufinden, wann Sie die meisten Interaktionen bekommen. Seien Sie sicher, dass Sie Ihren Zielmarkt bereits hergestellt und die Zielpersonen herausgefiltert haben.

Sind Sie ein kleiner Süßigkeitenladen, der versucht, mit der großen Auswahl an Variationen, die in Ihrem Laden verfügbar sind, zu werben? Möchten Sie fähige Mitarbeiter anziehen, Teil Ihrer Firma zu werden?

Personenbezogene Ziele können Ihren Instagram-Plan signifikant verändern, vor allem, wenn Sie einen Zielmarkt an verschiedenen Standorten und Zeitzonen haben.

Nachdem Sie einen einführenden Testlauf mit mehreren Beiträgen gemacht und bereits Interaktionsdaten gesammelt haben, können Sie Ihre Postings nun basierend auf den Resultaten des Experiments planen.

Neun Möglichkeiten, um Ihr Unternehmensprofil und die Beiträge auf Instagram zu optimieren

1. Verwenden Sie einen wiedererkennbaren Nutzernamen

Ihr Nutzername ist ein bedeutender Teil Ihres Profils, da Instagram Nutzer ihn dazu verwenden, um Sie zu finden und Ihnen zu folgen. Daher sollten Sie sicherstellen, dass der Nutzername wiedererkennbar ist und so gut wie möglich zu Ihrer Firma passt.

2. Machen Sie Ihr Profil öffentlich

Es ist wichtig, dass ein Unternehmensprofil auf Instagram für die Öffentlichkeit zugänglich ist. Beachten Sie, dass Sie Follower auf Instagram anlocken müssen, was mit einem öffentlichen Profil einfacher ist.

3. Fügen Sie Ihren vollständigen Firmennamen hinzu

Ihr Unternehmensname sollte vollständig im Instagram Profil erscheinen. Er wird unter dem Profilbild angezeigt und bei der Suche unter Ihrem Nutzernamen.

4. Fügen Sie Links zu Ihrem Profil hinzu

Ein Link in Ihrem Profilbereich hilft den Followern, direkt auf Ihre Seite zu kommen.

5. Fügen Sie einen Standort hinzu

Natürlich möchten die Leute gerne wissen, wo Sie Ihr wunderschönes Bild aufgenommen haben.

6. Teilen Sie relevante Inhalte

Je mehr Nutzer Ihre Inhalte relevant finden, desto mehr Leute werden Ihr Profil mögen und umso besser können Sie neue Follower anlocken.

7. Nutzen Sie hochauflösende Bilder

Verwenden Sie nie verpixelte Bilder in Ihren Beiträgen.

8. Personalisieren Sie Ihre Beiträge

Denken Sie daran, Tags, Filter, Hashtags und Links zu Ihren Bildern hinzuzufügen.

9. Fügen Sie Mitmachaktionen hinzu

Wenn Sie möchten, dass Ihre Instagram Follower in Aktion treten (wie zum Beispiel, sich als Mitglied zu registrieren), müssen Sie ihnen sagen, was sie tun sollen. Denken Sie daran, in Ihrer Instagram-Legende Links für die Mitmachaktion zu verwenden.

Wie Sie Hashtags auf Instagram dazu verwenden können, die Zahl Ihrer Follower zu erhöhen

Das Verwenden von Hashtags, die relevant für Ihre Firma, Inhalte und Ziele sind, kann Ihnen helfen, Ihre Bilder zu verbinden und sie mit Themen, die wichtig sind, in Bezug zu setzen.

Die Bedeutung, die Markenidentität betreffend, kann mit der Erstellung eines Hashtags für Ihre Firma einhergehen. Viele Firmen können ihren eigenen Firmennamen als Hashtag benutzen. Daher kann Ihr Firmenname als Nutzername fungieren, was dann als Firmen-Hashtag bekannt ist.

Beim Nutzen eines Hashtags für Ihre Marke ist es wichtig, zu beachten, dass es sich um etwas Besonderes handelt, das für Ihr Unternehmen relevant ist, sodass es sich nicht zu sehr mit anderen Beiträgen überschneidet.

Wenn Sie einen Hashtag für Ihre Firma verwenden, folgen Sie seinem Wachstum und fangen Sie an, wichtige Fragen wie die folgenden zu stellen:

* Wird der Hashtag bekannt?

* Nutzen meine Follower diesen Hashtag?

* Zieht dieser Hashtag Follower an?

Sie können die Suchmaschine von Iconsquare nutzen, um zu ersehen, wie häufig der Hashtag bereits verwendet wurde, dies gibt Ihnen eine

Idee der Popularität des Hashtags. Es ist auch möglich, ihn mit bekannten Hashtags zu vergleichen, indem Sie sich die Top Tags auf Iconsquare ansehen. Zudem können Sie die Daten bezüglich spezifischer Hashtags (Likes, Kommentare, Beiträge, Standort und mehr) einsehen, um tiefer in die Analyse einzudringen und sie für Ihre Follower zu optimieren.

Umgangsformen für Instagram-Vermarkter

Die sozialen Medien sind demokratische Plattformen, auf denen Ihre Follower sehr unterschiedlich sein können. Daher wird es immer Follower geben, die unangebrachte oder negative Beiträge teilen.

Es ist wichtig, auf einen positiven Kommentar auf Instagram zu antworten, falls der Follower die Zeit aufgebracht hat, um eine Frage zu stellen, oder sich in eine Konversation einbringt, die Sie angestoßen haben. Das Beste ist, diese Kommentare mindestens jeden zweiten Tag zu lesen, vor allem bezüglich aktueller oder wettbewerbsrelevanter Beiträge.

Sollten Sie Iconsquare nutzen, um Ihr Unternehmenskonto auf Instagram zu führen, dann verwenden Sie doch die Kommentar-Funktion. Mit dieser können Sie sehen, welche Kommentare Sie bereits gelesen haben, unangemessene Kommentare abmildern und auf die positiven antworten. Der Computer ist zur Bearbeitung der Kommentare geeigneter als Smartphones.

Interagieren Sie mit den Personen, die Ihnen folgen, oder auch mit anderen Menschen aus Ihrer Branche, denen Sie folgen. Sie sollten Liebe geben, um Liebe zu erhalten. Sie können jeden Tag oder zumindest einmal die Woche Zeit damit verbringen, andere Beiträge als Ihre eigenen zu liken und zu kommentieren.

Es gibt verschiedene Arten von Kommentaren auf Instagram und Sie sollten wissen, wie Sie auf jeden einzelnen Typ effektiv reagieren können. Diesen Richtlinien können Sie folgen:

- Wenn der Kommentar positiv, aber falsch ist, sollten Sie antworten.

- Wenn der Kommentar positiv und richtig ist, sollten Sie entweder zuhören oder antworten.

- Wenn der Kommentar negativ, kein Troll, sondern ein Witz oder eine Beschimpfung ist, sollten Sie zuhören.

- Wenn der Kommentar negativ ist, weder Troll, Witz, noch Beschimpfung, aber eine Falschinformation, sollten Sie antworten.

- Wenn der Kommentar negativ ist, weder Troll, Witz oder Beschimpfung noch eine Falschinformation, aber der Nutzer unglücklich ist, sollten Sie antworten.

- Wenn der Kommentar negativ ist, weder Troll, Witz oder Beschimpfung noch eine Falschinformation, aber der Nutzer glücklich ist, sollten Sie zuhören.

Wie Sie die Zahl Ihrer Follower durch Wettbewerbe erhöhen können

Online Wettbewerbe sind effektive Maßnahmen, um Ihre Reichweite zu erhöhen, mit Ihrer Gemeinschaft zu interagieren und Ihre Vitalität anzukurbeln. Ein gut durchdachter Wettbewerb kann effektiv sein, ganz gleich, ob Sie die Einführung eines neuen Produktes oder einer neuen Dienstleistung unterstützen, eine gute Online-Präsenz erlangen oder besondere Momente mit Ihren Kunden schaffen wollen.

Durch Nutzer generierte Wettbewerbe sind ideal dafür, Leute dazu zu ermutigen, sich mit Ihrer Firma auseinanderzusetzen und Nähe zu Ihrem Produkt aufzubauen. Ihre Follower um Inhalte zu bitten kann die emotionale Verbindung zwischen der Firma und den Kunden verstärken. Zudem können Sie auf einfache Art und Weise Werbematerial generieren, indem Sie einen Video- oder Fotowettbewerb abhalten, entwickelt von und für Ihr Publikum. Dies kann Ihnen dabei helfen,

Ihre Kampagne über Ihr Publikum hinaus zu verbreiten. Beachten Sie, dass, wenn die Nutzer ihre Einträge auf Instagram veröffentlichen, auch deren Follower dies sehen können.

Diese folgenden Faktoren sollten Sie beachten, wenn Sie einen Wettbewerb auf Instagram abhalten:

- Definieren Sie Ihre Ziele, erstellen Sie einen Zeitplan, schätzen Sie Ihr Budget, legen Sie Ihre Vorgaben fest und setzen Sie Ihre Metriken

- Entwickeln Sie eine Zugangsmethode für den Wettbewerb

- Kreieren Sie einen passenden Hashtag

- Denken Sie sich ein Thema aus

- Fassen Sie den Prozess der Gewinnerermittlung zusammen

- Legen Sie einen Ablauf fest, wie Sie den Gewinn ausgeben möchten. Klären Sie dies auch mit Ihrer Rechtsabteilung, um sicherzustellen, dass dies mit den Landesgesetzen und dem Bundesrecht konformgeht.

- Definieren Sie die Wettbewerbsregeln

- Erstellen Sie die Landing-Page

- Bewerben Sie den Wettbewerb offensiv. Nicht nur auf Instagram, sondern auch mit Hilfe von anderen sozialen Medien

- Behalten Sie eine Übersicht über den Wettbewerbsablauf und überwachen Sie die Metriken

- Halten Sie Ihre Follower über den Wettbewerb am Laufenden

Instagram ist eine wachsende Social Media Plattform, die es Ihnen ermöglicht, zu wachsen, Ihrer Firma einen menschlichen Touch zu geben, Ihre Produkte hervorzuheben, Ihre Firmenkultur aufzuzeigen, Ihre Kunden zu erfreuen und nach neuen Möglichkeiten zu suchen. Sie können all das ganz einfach durch das Teilen von Bildern erreichen.

Fügen Sie Instagram zu Ihren Marketingkampagnen in den sozialen Medien hinzu. Fangen Sie an, zu experimentieren, und finden Sie heraus, was effektiv ist und auch, welche Praktiken ineffektiv sind. Haben Sie Spaß beim Nutzen dieses Social Media Kanals und lernen Sie immer weiter.

ZUSAMMENFASSUNG

Ich möchte mich noch einmal für das Herunterladen dieses Buchs bedanken!

Ich hoffe, dieses Buch konnte Ihnen dabei helfen, die verschiedenen Social Media Plattformen dazu zu nutzen, Ihr Unternehmen zu vermarkten.

Der nächste Schritt ist, die Strategien und Taktiken, die Sie hier gelernt haben, umzusetzen und einen Marketingplan Ihres Unternehmens für die sozialen Medien zu erstellen.

Falls Ihnen dieses Buch gefallen hat, würde ich mich sehr über eine Bewertung auf Amazon freuen.

Vielen Dank und viel Erfolg!!